自闭症儿童语言训练的理论与实践

修云辉 ◎ 著

吉林出版集团股份有限公司
全国百佳图书出版单位

图书在版编目（CIP）数据

自闭症儿童语言训练的理论与实践 / 修云辉著． --

长春：吉林出版集团股份有限公司，2021.12

ISBN 978-7-5731-0878-4

Ⅰ．①自… Ⅱ．①修… Ⅲ．①孤独症－儿童教育－语言障碍－教育康复 Ⅳ．① G766

中国版本图书馆 CIP 数据核字 (2021) 第 243605 号

ZIBIZHENG ERTONG YUYAN XUNLIAN DE LILUN YU SHIJIAN

自 闭 症 儿 童 语 言 训 练 的 理 论 与 实 践

著 者	修云辉	
责任编辑	田 璐	
装帧设计	新源教育	
出 版	吉林出版集团股份有限公司	
发 行	吉林出版集团青少年书刊发行有限公司	
地 址	长春市福祉大路 5788 号（130118）	
电 话	0431-81629800	
印 刷	大厂回族自治县祁各庄乡冯兰庄兴源印刷厂	
版 次	2021 年 12 月第 1 版	
印 次	2021 年 12 月第 1 次印刷	
字 数	130 千字	
开 本	787mm×1092mm 1/16	
印 张	5.25	
书 号	ISBN 978-7-5731-0878-4	
定 价	58.00 元	

前　言

　　语言沟通障碍是自闭症儿童的核心障碍之一。自闭症儿童经常用错人称代词你、我、他；会说会用的词汇有限，即使有的会说，但常常不愿说。当他们愿意说话时，往往出现声调单调、呆板，音频或高或低，缺乏抑扬顿挫，语调奇怪等现象；或者只有鹦鹉仿说式的仿声性语言，模仿别人说过的话，重复在过去某一时刻听到的话。为此，探索一定的方法路径，积极地对自闭症儿童进行康复训练，使他们在语言方面的障碍得到改善，成为特殊教育的重要课题。

　　教育部《特殊教育教师专业标准（试行）》中要求：尊重学生权益，以学生为主体，遵循学生的身心发展特点和特殊教育教学规律，为每一位学生提供合适的教育，最大限度地开发潜能，补偿缺陷，促进学生的全面发展。自闭症儿童行为怪异、刻板，问题行为举不胜举，作为训练者，在与学生的沟通交流中要充分尊重他们的人格并且理解他们的行为，面对他们怪异的表现，不要厌烦，应该用一种平和的心态去接纳、包容他们，用温和的语言教育他们，理解他们的一些问题行为。只有这样，学生才会慢慢接近训练者，配合训练。

　　家庭是影响儿童社会化的第一个场所，家长是孩子的第一任教师，家庭环境对孩子的语言发展有着重要的影响。因而，坚持不懈地对自闭症儿童进行康复训练是家长的终身责任。教师要指导家长积极创设情境，抓住契机，及时引导自闭症儿童开口说有意义的话。只有家校紧密配合，才能更好地促进自闭症儿童语言的发展。

　　对于自闭症儿童，提高他们语言能力最好的办法就是早发现、早干预。只要针对自闭症儿童的个性差异，采取适当的方法策略，他们的语言能力就一定可以得到提高，他们的言语交际行为、共同注意能力、社会情感沟通能力等都将获得更好的康复，从而大大提高他们的自理、认知、社会交往以及适应社会的能力。

目　录

第一章　自闭症儿童概述 …………………………………………………… 1

　　第一节　自闭症儿童的现状 ……………………………………………… 1

　　第二节　自闭症病因及治疗 ……………………………………………… 4

　　第三节　自闭症患者的立法保障 ………………………………………… 11

　　第四节　自闭症的神经机制 ……………………………………………… 14

　　第五节　自闭症儿童体能研究 …………………………………………… 17

第二章　自闭症儿童语言训练的理论研究 ………………………………… 22

　　第一节　自闭症儿童的语言现状 ………………………………………… 22

　　第二节　自闭症儿童的语言障碍 ………………………………………… 26

　　第三节　奥尔夫音乐与自闭症儿童语言发展 …………………………… 32

　　第四节　乔姆斯基与自闭症儿童语言障碍 ……………………………… 35

　　第五节　自闭症儿童语言干预的内容 …………………………………… 42

第三章　自闭症儿童语言训练的内容 ……………………………………… 46

　　第一节　自闭症儿童语言训练理论 ……………………………………… 46

　　第二节　教育机器人与自闭症康复训练 ………………………………… 51

　　第三节　家庭教育与自闭症儿童语言训练 ……………………………… 59

第四章　自闭症儿童语言训练实践研究 …………………………………… 63

　　第一节　语言行为方法在自闭症儿童干预中的应用 …………………… 63

　　第二节　自闭症儿童视频教学片的应用 ………………………………… 68

　　第三节　音乐治疗在自闭症儿童康复中的应用 ………………………… 70

　　第四节　动物辅助疗法在自闭症儿童训练中的应用 …………………… 72

参考文献 ……………………………………………………………………… 77

第一章　自闭症儿童概述

第一节　自闭症儿童的现状

自闭症又称孤独症，是一种严重发展障碍类的疾病，患者存在一定的社会障碍，不能像正常人一样进行社会交流和社会活动，在语言词汇以及性格等方面有一定的缺陷，正常生活存在困难。自闭症的致病原因至今不详，患者大部分生活都会受到影响，虽然随着自闭症患者人数的增加，这方面的研究越来越普遍，但对自闭症家庭的关注很少，养育一个自闭症儿童，家庭需要承担包括时间、精力、金钱等各个方面的付出。由于自闭症儿童的特殊性，其教育问题也是值得关注的一个主要问题。

一、自闭症儿童的一般特征

自闭症是一种广泛性发展障碍的疾病，经各项研究表明，其三个典型的特征就是社会交往障碍、语言障碍，还伴随着刻板的兴趣与行为等，本节主要介绍前两个特征。

（一）社会交往障碍

社会交往能力是指个人与个人之间、个人与团体之间以及团体与团体之间，为了满足某种需求或达到某种目的，进行交互活动的能力。相较于常人，自闭症儿童社会交往能力明显不足，由于自身因素或外部环境，致使其存在一定的社会缺陷，无法进行正常的社会交往，从而产生社会交往障碍。

在早期的社会缺陷的理论研究中，坎纳是研究自闭症儿童社会缺陷的第一人。他认为，社会缺陷是一切病症的核心，其本质在于生物系统的缺陷导致社会与人交往的能力发展不足，而自身情感系统的缺陷导致其与人情感交流方面产生严重障碍，从而产生社会交往障碍。随着对自闭症儿童的研究越来越多，研究者们渐渐对这种说法提出异议，总体来说，常被提起的主要有以下三种：一是由于关心不足的环境使自闭症儿童产生消极的反应所致；二是认为语言的缺失是导致自闭症儿童社会交往障碍的原因；三是试图更加精确地揭示自闭症的真相。

　　自闭症儿童的社会交往障碍主要表现为没有正常的交往性语言，无法正确表达情绪、实现与同伴正常交流。通过观察，在治疗过程中，自闭症儿童在与医生对话时明显不能进行眼神交流；与此同时，每个年龄段的表现不同；对 2 岁左右的自闭症儿童来说，不能进行有效的信息输入，明显不会听从医生及父母的建议等；对于 5—6 岁的自闭症儿童来说，能够明白父母与医生的建议，只是开始不能进行交流，随着治疗次数的增多及对治疗环境的熟悉，能够进行交流，有时相对来说给人一种外向的感觉，只是依然不能进行眼神交流。大部分自闭症儿童在治疗过程中，常常伴随着注意力不能长久集中的现象，常常是刚开始时能够按照医生的话来进行活动，但不会持续太久，之后便开始东张西望，做自己的事情；一般不能通过语言或非语言的交流正确表达自己的思想，如若对治疗过程中正在进行的游戏没有兴趣，便开始变得暴躁，到处乱跑等。

（二）语言障碍

　　在语言方面，自闭症儿童的语言能力发展迟缓。经过研究总结为以下特点：一是语言发展迟缓与缄默。与正常儿童相比，自闭症儿童的语言发展存在着巨大的差异，大部分的父母也是因为这一点而发现自己的孩子异常并前往医院治疗的。二是回声式语言。这是自闭症儿童语言的经典特点，在自闭症儿童群体中属于常见现象。回声式语言主要包括鹦鹉学舌式及延迟性重复两类。鹦鹉学舌式，即在对话时会重复别人的话，如交流对象问道："你昨晚休息得好吗？"自闭症儿童一般会答："你昨晚休息得好吗？"延迟性重复，即会在某个时间重复说可能是一段时间以前听到的话。三是语言韵律失调。自闭症儿童的语调没有感情，比较刻板。研究发现，之所以出现这样的现象，是因为自闭症儿童在音韵方面的感知与情感表达方面与正常儿童相比具有比较显著的差异。

　　从自闭症儿童的词汇特点来看，自闭症儿童的词汇广度和词汇深度不存在显著的差异。在词汇广度层面上，自闭症儿童对接受性词汇的掌握程度优于输出性词汇；在词汇深度层面上，自闭症儿童在理解词汇时，遵循语音知觉优先的心理惯性，具有明显的语言偏爱意识。除此之外，高功能自闭症儿童常常会出现创造新词的现象以及代词逆转与回避现象。在与自闭症儿童对话的过程中，大部分的儿童都不能区分"你""我"等代词，常常会根据对话人的代词运用来运用，例如当其父母问到"你要什么"时，他常常会回答"你要……"。研究发现，在通常情况下，自闭症儿童常常把自己称作"你"，把交谈对象称为"我"，主要表现：他们在交流时出现说者与听者之间转换对话角色的困难，反映出自闭症儿童在对自己与他人的概念进行概念化的加工过程中存在问题。很多研究表明，大多数自闭症儿童在日常生活中有明显的人称代词使用问题，存在以其他名称指代自己或他人、事的现象。

　　笔者在儿童医院观察自闭症儿童的过程中，发现大多数父母都是由于孩子语言发展迟缓来医院就诊，在父母的介绍中，常常说孩子明显不能分清代词，并会重复说一句话或者唱歌。

二、自闭症儿童家庭

由于目前对自闭症患者的制病原因了解不多，而且精神疾病不同于身体疾病，所以对自闭症儿童治疗效果没有那么明显，也没有那么迅速。对自闭症患者的治疗，主要不是手术治疗，而是通过游戏治疗或者音乐治疗等一些干预治疗法。这样的治疗方法要求自闭症儿童长期前往医院就诊；但随着自闭症儿童的增多，每个儿童的治疗频率一般在一周一次或两周一次，且治疗效果相对缓慢，这使得自闭症儿童家庭需要承担极大的经济压力。

除经济压力以外，自闭症儿童由于发展障碍的原因，生活上无法与正常孩子一样，通常性格也会比较暴躁，这对家庭照料方面也造成了一定的负担。有研究表明，在自闭症患者家庭中，健康状况较差的家长占比 22.9%，心理悲观的家长占 41.2%。

一般来说，有自闭症儿童患者的家庭与其他正常家庭相比，可能会承担更大的心理压力。由于自闭症的治疗是长期的，照料也必须是长期而且见效不明显的，这会使家长出现焦虑的情况，造成工作、社会交际等方面的负面影响，进而更加深化家长对现况不满意而又无法摆脱的境地，长期心理的压抑会带来生活上的影响，从而形成一个恶性循环。

正如孩子的状态会影响父母的心理及生活状况一样，家庭氛围同样会对孩子的发展及患病程度造成一定的影响。吉彬彬等研究表明，以积极的心态面对干预治疗等状况的家庭，往往自闭症儿童的治疗反应也呈现出乐观的趋势。

随着我国自闭症儿童的增多，且治疗效果不够明显，自闭症儿童的家庭也出现了各种各样的问题，我们必须把我们的关注力也放在家长身上，从他们的难处及需求出发，从经济和教育等方面帮助他们，从而对自闭症儿童的治疗有所帮助。

三、自闭症儿童的治疗及教育状况

自闭症儿童的治疗方法各式各样。就传统方法来说，主要有应用行为分析法（ABA）、感觉统合训练、音乐疗法、游戏疗法；就创新方法来说，主要有干细胞疗法、虚拟现实治疗；就辅助疗法来说，主要有心理疗法、园艺疗法、食物疗法、体育锻炼；就中医疗法来说，有针灸疗法等。不可否认，随着科技的进步以及对自闭症患者的关注，越来越多的治疗方法被有效运用，但在对自闭症儿童患者的治疗方法中，能比较好地被接受的主要有游戏疗法和虚拟现实治疗等。因为目前对自闭症的致病原因世界上还没有一个明确的说法，所以每种方法既有其可用之处，也会存在各种各样的弊端。总的来说，目前我国对儿童自闭症患者的治疗并不那么有效。

在教育方面，在中国大陆，自闭症儿童能够到幼儿园就学就已经很难了。经过调查发现，2020 年与自闭症有关的特殊教育机构在大陆有 50 所，虽然近年来针对自闭症的特殊教育机构有所增加，但对比我国的自闭症患者数量来说，特殊学校是少之又少，一般自闭症儿童都与正常孩子一样在普通学校学习，得不到统一的针对自闭症的对症教育，反而会因为特殊而受到歧视等，这对自闭症儿童的教育和治疗都会产生消极影响。

总的来说，自闭症儿童的一般特征、自闭症儿童家庭与自闭症的教育与治疗三个方面是息息相关的。

自闭症儿童的一般特征，即社会交往障碍、语言交流障碍和刻板的兴趣与行为等，这三个方面是互相影响的。由于存在语言障碍和刻板的兴趣与行为，使得自闭症儿童无法愉快地与其他社会成员交往；而社会交往障碍在一定程度上会加剧语言兴趣、行为的弱化等。由于自闭症儿童会有以上特征，并存在致病原因不明的情况，导致治疗方法众多、治疗效果不明显的现象以及自闭症儿童家长的经济、心理压力巨大的现象。

目前，我们对自闭症儿童的关注度仍然不高，对自闭症儿童的家庭更是缺乏了解，在此，笔者强烈呼吁大家关爱自闭症儿童，对自闭症儿童家庭给予力所能及的帮助，希望有更多的政府补贴以及工作津贴与政策，建立更多的自闭症患者教育机构，也希望技术人员能够关注这方面，提供给自闭症儿童更好的治疗环境。自闭症儿童，离不开家庭的关爱，更离不开整个社会对他们的帮助。

第二节　自闭症病因及治疗

自闭症的致病原因主要可以分为遗传和环境两个方面。对自闭症的早期诊断是治疗的关键，传统的、广泛使用的行为评估方法会使诊断滞后从而影响干预效果，而近年来提出的唾液 RNA 丰度、口腔上皮细胞 DNA 甲基化测量等新方法则能够在一定程度上改善这一问题。在自闭症的治疗方面，除了多数自闭症机构倾向于使用的行为干预疗法，近年来研究者们提出了利用各类药物、基因技术、脐带血、肠道菌群干预以及 VR 沉浸式治疗等方法，但目前很多有关自闭症生物医学方法的最新研究尚且停留在动物实验上，因此未来需要在不违反伦理道德和人道主义的基础上对人类患者进行进一步的研究。

随着社会经济的发展，当代父母养育孩子的成本正变得越来越高，在这种情况下，一个患有自闭症的孩子将给家庭和社会带来很大的负担，因此，自闭症在近些年成为很多研究者关注的重点。近年来的调查研究结果显示，当前我国自闭症患病率为 0.14%，其中儿童的患病率为 0.265%，并且这个比率仍然在不断上升中。

自闭症于 1943 年由美国精神病学医生 Kanner 首次报道，由于当时美国精神分析盛行，学界普遍认为，自闭症是由父母的不当养育方式造成的精神分裂症。直到 20 世纪 80 年代以后才有研究者从神经紊乱和遗传等方面入手，对自闭症进行探究。而在此之后，随着科技的进步，研究者们借助新的工具，对自闭症的早期诊断、病理机制以及治疗干预等方面进行了一系列研究并取得了一定成果。目前，国内外研究者对自闭症病因的探索仍在进行中，有研究者基于家族研究，认为问题基因和环境因素共同导致了自闭症。由于自闭症具有一定的个体差异性，因此，对于不同症状的患者，发病机制存在差异，需要采取的治疗或干预方法也不同，目前的主流治疗方法主要包括行为干预和药物治疗等。

本节将从遗传和环境两个角度论述有关自闭症的致病原因的新近研究，并介绍自闭症的早期诊断以及治疗方法的最新研究进展。

一、病因

迄今为止，自闭症的确切病因尚未被发现，国内外学者仍在进行相关的研究。目前的研究认为，在生理病理学方面，自闭症的产生可能与遗传学和环境因素密切相关。

（一）遗传因素

自闭症致病基因会影响脑区，尤其是皮层神经元和纹状体的中棘神经元，进而导致智力、社会、行为等方面的问题。过去的研究通过候选基因法对自闭症患者进行研究，发现 GABA 受体、5-羟色胺、突触运动调节基因和钙离子相关基因均可能为导致自闭症谱系障碍的因素。最近有研究者发现，SH3RF2 单拷贝缺失小鼠表现出自闭症病的各类常见症状，主要包括刻板重复行为、社会交往缺陷以及多动和癫痫发作等，由此可见 SH3RF2 单拷贝缺失是导致自闭症的一种高风险因子，甚至是自闭症的致病基因。此外，实验中发现，患有 DiGeorge/22q11 缺失综合征的小鼠在大脑皮层的接触方面存在障碍，并且由于线粒体的功能失调，细胞连接也存在问题，这些小鼠大脑皮层的关键神经细胞在早期发育过程中生长受限，单个神经细胞无法建立正确数量的连接，从而导致自闭症的发生。

尽管遗传因素在自闭症发病机制中起着很重要的作用，但在 2015 年的 Meta 分析报告中指出，由遗传因素引起的自闭症占自闭症患者总数的 64%—91%，这说明遗传并不能完全解释自闭症的发病原因。目前的研究表明，遗传和环境因素二者共同在自闭症的产生中发挥作用。

（二）环境因素

环境因素可通过影响处于不同发育阶段的大脑，对个体的语言及认知能力的发展产生影响，进而引发自闭症。环境因素主要是通过母亲，改变胎儿所处的宫内环境，进而引发胎儿的自闭症。

　　孕期接触某些化学物质会对胎儿造成伤害，抗抑郁药很可能因为药物中含有选择性 5-羟色胺再吸收抑制剂，对宫内胎儿的大脑发育产生不利影响；含有三氯生的日用品也可能导致胎儿患自闭症的风险增加，这是因为三氯生经由母亲接触进入胎儿体内后，会对胎儿神经系统的视黄酸信号通路产生负面影响。孕期母亲的激素异常也是胎儿患自闭症的原因之一，患有多囊卵巢综合征的母亲带来的过多雄性激素很可能导致胎儿患自闭症的风险增加；相对应的，产前雌激素过多也会可能导致胎儿患自闭症，因为产前类固醇激素活性升高，可能会影响性别分化、大脑发育和功能。此外，孕期血糖高度异常的孕妇，其胎儿的大脑发育会受到一定的负面影响，有着更高的患自闭症的风险；而孕期贫血的孕妇则可能因为铁元素的匮乏导致胎儿神经系统发育受影响，进而增加胎儿患自闭症的可能。

二、自闭症的早期诊断

　　自闭症的发病一般在 3 岁以前，家长往往在孩子 3 岁后还不会说话才会引起注意，因此，对很多自闭症患者的诊断往往要在 3 岁以后。研究表明，3 岁左右的儿童有着极强的可塑性与发展性，诊断的滞后很可能使患者错过最佳的干预期，因此对自闭症儿童的筛查与诊断越早，干预的效果就越好，越能够有效地改善其语言、行为问题。传统的自闭症儿童的早期诊断以共情的缺失、联合注意的缺陷以及语言发展的异常三个方面为标准，但是评估往往耗时较长，再加上自闭症儿童出现行为异常的时间段不同，故此类行为评估的诊断滞后，不利于对自闭症儿童进行早期干预。

　　为了使自闭症儿童能够早日获得诊断并及时接受干预，研究者们在生物医学方面找到了突破口。一些研究者从自闭症儿童与普通儿童基因的特异性差异出发，研发了更加快捷且高准确率的早期诊断方法。Hicks 等人通过对儿童唾液的 RNA 丰度的测量，发现一组 32 个 RNA 特征能够准确区分自闭症儿童与非自闭症儿童，且准确率达 85%。还有研究从自闭症儿童的 DNAm（DNA 甲基化）与同龄儿童的不同出发，利用 PedBE 工具对口腔上皮细胞的 94 个 CpG 位点进行性能评估，将儿童的生物学年龄与实际年龄做比较，发现自闭症儿童的生物学年龄显著大于其实际年龄，利用这一方法也可对自闭症儿童进行早期诊断。发育相关也能用于早期诊断，通过对家族有自闭症史的婴儿的脑成像研究，发现患儿在 6—12 个月时，大脑皮质过度生长，在 12—24 个月时，大脑发育速度过快，患儿大脑的变化与自闭症症状出现时间相一致，采用这一方法可以预测家族有自闭症史的儿童的患病风险，但其对普通婴儿的预测效果还有待验证。还有研究者设计出了一套可以准确识别自闭症小鼠的瞳孔波动变化的计算机算法，该算法可以用于对自闭症的快速识别和早期诊断。此外，用深度全基因测序来测量父亲精子的嵌合现象，对存在于后代和仅存在于父亲精子中的变异进行测量，并鉴定单核苷酸、结构与短串重复变异，也可以准确预测后代中自闭症的患病风险，降低自闭症患儿的出生率。

三、自闭症的治疗方法

自闭症难以治愈的原因之一是它的病因众多，无法确认是由单一因素还是多重因素引起的。除此之外，自闭症的症状表现也倾向于多样化，需要针对核心症状表现进行个性化的治疗和训练，这也为治疗带来了难度。在针对自闭症的多年理论与实践研究中，研究者们提出了多种治疗方法，其中各类行为干预被广泛应用。而现阶段，研究者们针对因基因和环境等方面的问题而产生的自闭症亚型的生物医学干预治疗的研究也取得了一定的进展，为自闭症的完全治愈点亮了曙光。

（一）行为干预

行为干预指的是介入并人为中断某行为发生、发展的自然过程，力图消除或改变行为的干预方式。目前在自闭症儿童的治疗中，行为干预被广泛使用，其中应用行为分析（Applied Behavior Analysis，ABA）是治疗自闭症患者异常行为的主要方法，其基本原理是给予患者刺激，得到理想反应，并对其反应进行正强化，使反应保持。应用行为分析在语言、自理能力等方面对患者有较大的积极影响，但这种干预方法也存在训练内容及形式较为固定化、与真实情境不尽相符等问题。与此同时，随着信息技术的发展，基于应用行为分析理论的移动终端 APP 作为一种新的医疗形式逐渐兴起。相较传统的干预方式，它们拥有使用便捷、针对性强等优势。国内某些针对自闭症儿童有效果的 APP，可以帮助有语言障碍的自闭症患儿用图片的方式与父母交流。这类 APP 能够以一种新的形式辅助自闭症儿童进行社会技能培训以及认知训练，而这种将科技与自闭症的治疗相结合的形式也为未来的研究指明了方向。

游戏对儿童的认知发展和社会性发展有着积极作用，而许多实证研究也都证实了游戏对于自闭症儿童患者存在的社交障碍、重复行为等症状的改善具有积极作用，因此，游戏疗法也受到了很多治疗机构的青睐。近年来研究者们在游戏的呈现形式上进行了创新：结合了暴露技术与神经反馈机制的视频游戏 Mindlight 能够有效缓解自闭症儿童患者的焦虑症状；BCI 游戏 Farmer Keeper 在要求患者保持注意完成任务的过程中能够缓解患者的焦虑情绪；还有研究者开发了帮助自闭症儿童识别面部表情的电脑游戏 ALTRIRAS。可见电子游戏在对自闭症儿童患者的治疗上有着较好的发展前景，但在真人互动以及防沉迷方面仍需改善。

（二）药物治疗

目前，由于自闭症病因的生理机制还未能得到全面清晰的解释，因此还没有针对自闭症的特效药。但部分自闭症患者会出现兴奋、多动、易怒等症状，可适量使用一些用于改变 5-HT 和 DA 等神经生化系统的抗精神病药物。利培酮和阿立哌唑是现在仅有的通过国际认证的可用于低龄儿童的自闭症药物。其他的药物比如西酞普兰、艾司西酞普兰和氟西汀等可以用于治疗存在自伤、刻板行为等行为问题的患者。而针对注意缺陷、多动等症状的药物有哌甲酯、胍法辛、可乐定等。

近年来，研究者们还从百年老药中发现了治疗自闭症核心症状的契机，如用于治疗非洲昏睡病的苏拉明和用于治疗癌症的罗米地辛。苏拉明在用于自闭症患儿的治疗过程中，利用改变嘌呤通路的原理，减少了使细胞发生危险反应的介质，改善了自闭症症状，但其长期效果还有待更大规模的临床试验证明。罗米地辛能够通过使 HDAC2 的转录上调，减少不应被抑制的基因，提高 GRIN2A 和肌动蛋白调控基因的表达和组蛋白乙酰化，恢复SHANK3 基因缺陷小鼠的 NMDA 受体功能和肌动蛋白丝，从而帮助 SHANK3 缺乏的自闭症小鼠改善自闭症行为，且其效果持续了三周。这一发现为携带 SHANK3 突变的自闭症患者提供了潜在的治疗策略。

维甲酸对 15q11-13 染色体区域的扩增和 UBE3A 超活性相关的自闭症小鼠的病症也能起到缓解作用，因此，口服安全剂量的维甲酸或许在未来能对部分自闭症患者能起到一定治疗作用。催产素对于部分男性自闭症患者而言也可能是一种有效的治疗药物，研究结果表明，催产素可以缓解自闭症患者难以理解语言和非语言信息冲突下的交流内容的症状，通过增加内层前额叶皮层的活动及增强功能协调，患者的非言语信息判断的频率提高且反应时间缩短，其效果可以停留数小时。另外，Balovaptan 对于改善自闭症患者的重复行为和社会交往缺陷也有着极大的潜力，其在二阶段双盲测试中取得了较好的结果，并于2018 年获得美国食品药品监督管理局（FDA）授予的治疗自闭症谱系障碍的"突破性药物资格"。

然而，多数药物并不能从根源上治愈自闭症，只是对自闭症的部分症状起到了抑制或缓解的作用。在国内，在自闭症患儿的药物治疗方面缺乏足够的临床经验，而一些国外学者的研究也仅限于动物实验或小规模的人体实验，其研究结果并没有得到大范围的推广和检验。从发育原则的角度来说，对 0—6 岁的患儿的治疗还是应以康复训练为主，不推荐使用药物。

（三）基因技术

脆性 X 综合征（一种常见的单基因形式的自闭症谱系障碍）会导致个体产生重复行为等自闭症症状。有研究发现，通过对 mGluR5（谷氨酸受体 5）的抑制，或许能减少患者神经细胞之间的过渡交流，从而缓解症状。在以患有脆性 X 综合征的小鼠为实验对象的实验中，研究者将包含了 Cas9 和 Cpf1 核糖核酸蛋白的 CRISP 系统注射到小鼠的脑脊液后，CRISP 系统以纳米金颗粒为载体进入到小鼠脑内，对细胞进行编辑，降低了纹状体中局部的 mGluR5 水平，给患症小鼠带来了症状上的改善，使其重复行为大幅减少。但由于人脑中作为载体的纳米金颗粒的耐受性有限，因此不能多次注射。尽管如此，基于这一研究成果，仍有望在未来实现对人类自闭症患者大脑的靶向疗法。

在另一项研究中，研究者利用了 PEN、PEN+mTORC1 和 PEN+mTORC2 的小鼠为实验对象，发现 mTORC2 的缺失可以延长 PEN 缺失小鼠的寿命，且可以有效抑制其癫痫发作，改善其长期记忆和自闭症样的行为如社交障碍并使 PEN 缺失小鼠的大脑代谢正常化。这一发现或为自闭症的治疗提供了理论基础和技术支持。

（四）脐带血治疗

在自闭症患者的大脑中，免疫病理学的发病机理可能是由于免疫相关基因网络的过度表达以及胎儿脑组织母源性抗体的存在，在脑脊液中非典型的促炎细胞因子水平（IL-6，TNF-a）和过度的小胶质激活导致神经连接通路的异常。因此，针对这一人群或可采用影响免疫调节或神经连接调节的治疗方法。脐带血中的效应细胞可以通过旁分泌信号改变脑连接，同时抑制炎症反应。在对 25 名自闭症患儿的静脉滴注脐带血治疗中发现该治疗是安全的且耐受性良好，能显著改善患儿的社会沟通能力和自闭症症状，并且其效果对非语言智力基线较高的儿童更为明显。但这一方法只适用于那些拥有脐带血的私人银行资源的家庭，研究者下一步将测试可用的最佳供体（自体或异体）与安慰剂，并将这一治疗方法进一步推广。

（五）肠道菌群干预

患有自闭症的儿童经常出现与自闭症严重程度相关的胃肠道问题，肠道微生物群异常已被证实为引起自闭症症状的原因之一。肠道菌群的失调，以及它们在调节代谢产物（4-乙基苯基硫酸盐、吲哚丙酮酸和皮质酮）功能上的缺失，会影响胃肠道功能和神经生物学条件，进而导致自闭症症状；同时病毒也可能通过肠道菌群的丰度、进化轨迹和代谢输出影响自闭症症状。研究者们发现微生物菌群转移治疗后双歧杆菌、普雷沃特拉菌和脱硫弧菌的总体细菌多样性和丰度增加，这些变化在治疗停止后能持续至少八周，期间患儿的胃肠道症状减少了约 80%，自闭症行为症状也有明显的持续性的改善。

（六）VR 沉浸式治疗

虚拟现实（Virtual Reality，VR）技术基于计算机对真实世界的模拟，能够创造接近真实情况的情境以辅助治疗。虚拟现实技术在社交训练、注意力训练、改善恐惧情绪、学习各种技能以及躯体运动训练等方面都能起到一定的促进作用。例如，在辅助患者学习过马路技能的 VR 程序中，程序能够根据患者的学习情况由易到难地调整难度，在训练过程中添加各种干扰因素，使患者接触的场景逐渐趋近于真实情景，帮助患者掌握技能。Facesay 作为一款通过游戏化身对自闭症儿童进行教学的程序，曾被证实对患者面部识别、情绪识别和自然环境中的社会互动的能力有着不同程度的改善，如果将这一程序与 VR 技术相结合，以更贴近现实的形式呈现刺激，可能起到更好的治疗效果。

相较一般的行为治疗方法，VR 技术还拥有输入刺激可控、学习情境安全、针对性强等优势，但这一技术仍存在实验样本量小、部分患者晕屏等问题。此外，由于 VR 技术更多的是人机互动，缺少真人之间的沟通，部分患者社交障碍的问题或许不能得到有效的改善，因此这一技术虽然具有一定的发展前景，但还需要更多的研究支持及技术改进。

（七）其他方法

有研究者在实验中发现，发烧在某些情况下能够缓解自闭症症状，其机理是发烧期间小鼠的初级躯体感觉皮层发育不良区神经元活动减少，因此社交障碍症状得到缓解，其中 IL-17A 细胞因子起到了关键作用，这为特定亚型下的自闭症患者的治疗开辟了新途径。此外还有研究发现，饮食以一种高度反映人类自闭症谱系障碍的方式调节血浆代谢物、神经炎症和神经发生的脑标记物，高糖饮食对自闭症（自闭症）表现有显著的影响。因此，减少饮食中的糖分或许能在一定程度上缓解自闭症症状，但是这一研究结果能否推广到人类患者身上仍需进一步探究。最近的一项实验中发现，睡眠障碍会对自闭症患者的情绪和情绪调节、行为和认知功能等方面产生负面的影响，因此，利用低剂量的褪黑素改善患者的睡眠症状之后，也能在一定程度上缓解其自闭症症状。

就目前来说，自闭症的准确病因尚未被找到，现有的研究都是针对不同个体的症状做出的较为合理的解释，并不适用于所有的自闭症患者，但其对于自闭症的治疗有着非常积极的作用。近年来，研究者们建立了基因突变及环境诱导两种模下的自闭症的小鼠模型，运用现代生物学及神经科学的理论和设备，针对不同的自闭症亚型从不同的方面提出了有效的治疗方法及思路，使用苏拉明、罗米地辛、催产素、褪黑激素等药物对不同的患者均有一定疗效。在基因突变的自闭症小鼠模型的研究中，发现口服安全剂量的维甲酸能够有效缓解由于染色体 15q11-q13 拷贝数的变化而间接引起的自闭症症状，抑制 mTORC2 能够改善由于 PEN 缺失引起的自闭症症状。此外，还有脐带血治疗、肠道菌群干预、VR 沉浸式等治疗方法，这一系列研究的结果都为自闭症的治疗提供了新的思路。

虽然目前自闭症的治疗手段还只局限于症状的缓解上，但其相关的研究为这一疾病的改善和防治提出了建设性的方案。比如，在孕期保持孕妇的血糖正常或许能降低胎儿患自闭症的风险；避免孕妇接触三氯生等化学物质也能降低胎儿患自闭症的可能性。

当前很多的研究都是以动物为实验对象，虽然这些研究为自闭症的治疗提供了宝贵的数据，但其结果是否可推广并应用到人类患者身上还有待进一步的检验。另外，因为人道主义和伦理问题，自闭症的研究仍旧缺乏人类患者的实验数据，如若未来能在确保安全的基础上更多地收集人类自闭症患者的数据，就能进一步验证这些假设，或许就能够更准确地发现自闭症的病因，从而提出更有效的治疗方法。

第三节　自闭症患者的立法保障

中国将自闭症患者列为独立的立法对象，在充分考虑本国国情的情况下，注重立法的可操作性，从康复、教育、就业以及文化生活等多领域形成系统全面的权利保障立法体系。

一、中国对自闭症患者的立法保障现状

在中国，自闭症患者因其特殊性和不小的人群数量而绝对不容小觑。国家立法需要关注到这一人群的需求，保障他们的基本生活，使他们有尊严地活着。

（一）中国现有的"自闭症"相关文件概述

自闭症患者作为社会中的一个不典型群体，只是弱势群体中的一小部分，因而，在中国并没有成为单独的立法对象。在法律之星——中国法律检索中输入关键词"自闭症"进行搜索，出现的中央规范性文件数量为 16 篇，地方规范性文件为 279 篇，无相关法律和行政法规；在北大法宝上输入关键词"自闭症"，仅检索到 16 项地方法规，其中包括 2 项地方规范性文件、12 项地方工作文件和 2 项行政许可批复，无相关中央法律文件。由此可以看出，"自闭症"一词并没有出现在中国宪法、法律及法律性文件中。

上述出现关键词"自闭症"的相关规范性文件和地方文件等大致可以分为三类。第一类文件多与教育部门、残联和食品药品监管等部门组织的规定及通告相关，但这些文件基本上都没有以"自闭症"为关键词命名，只在内容中有所列举；第二类文件涉及贫困地区和贫困家庭儿童的发展，自闭症患者家庭大多承受巨大的经济压力，容易出现因病致贫的现象；第三类文件主要包括美术馆项目、国产纪录片和创新创业大赛等活动中的获奖作品

通知，由此可见社会对自闭症患者生活的关注。

（二）《残疾人保障法》对自闭症患者的权利保障

自闭症患者属于残疾人，应当受到《中华人民共和国残疾人保障法》（下文简称《残疾人保障法》）的保护。《残疾人保障法》于 2008 年修订通过并开始施行。根据该法，残疾人是指在心理、生理及人体结构上，某种组织、功能丧失或者不正常，全部或者部分丧失以正常方式从事某种活动能力的人，主要包括视力残疾、听力残疾、言语残疾、肢体残疾、智力残疾、精神残疾、多重残疾和其他残疾等。人们对残疾人的定义往往停留在生理残疾层面，但根据该法条，自闭症患者也属于残疾人。《残疾人保障法》明确规定，残疾人在政治、经济、文化、社会和家庭生活等方面享有同其他公民平等的权利，残疾人的公民权利和人格尊严受法律保护。从《残疾人保障法》的整体内容来看，其囊括了康复、教育、劳动就业、文化生活、社会保障、无障碍环境和法律责任等方面。但是，一方面，该法的具体条文过于宏观抽象，如"各级人民政府鼓励和扶持社会力量兴办残疾人康复机构"，这样的法规实施起来有较大的灵活性，各个地区的施行程度相差较大，且不能得到一定保证；另一方面，根据上述定义可以看出，残疾人是一个较为宽泛的名词，不同情况的残疾人有极大的特殊性和差异性，不能一概而论，且该法中涉及自闭症患者等心理疾病人群的规定较少。但不能否认的是，《残疾人保障法》对保障残疾人的生活的确有较大作用，其对残疾人各项权利和福利的分类十分全面，值得借鉴。在针对自闭症患者的立法保障方面，可以该法为主要框架进行具体细化和深入。

（三）对自闭症患者受教育权的现有保障

由于对自闭症儿童的关注大多聚焦于教育领域，因此，可以通过了解《中华人民共和国义务教育法》（以下简称《义务教育法》）去研究自闭症儿童的受教育权利是否受到法律保障。该法涉及学生、学校和教师等多个方面，其中第二章对学生进行了相关规定：凡年满 6 周岁的儿童，其父母或者其他法定监护人应当送其入学接受并完成义务教育；条件不具备地区的儿童可以推迟到 7 周岁。适龄儿童、少年因身体状况需要延缓入学或者休学的，其父母或者其他法定监护人应当提出申请，由当地乡镇人民政府或者县级人民政府教育行政部门批准。可见，除该条略微与自闭症儿童的受教育权相关外，并没有其他条文对此有所规定。因此，中国的《义务教育法》并没有将自闭症儿童的受教育权涵盖在内。

《残疾人保障法》第三章和《残疾人教育条例》对残疾人的受教育权有所规定，如"政府、社会、学校应当采取有效措施，解决残疾儿童、少年就学存在的实际困难，帮助其完成义务教育"等。在现实生活中，各个地区也有相应的特殊教育学校。但实际上，自闭症患者群体所能接受到的义务教育是有限的。因为自闭症儿童要接受长期的培训和治疗，治疗费用高昂。且自闭症患者不同于普通的生理方面的残疾人，他们所应接受的教育和培训不是九年义务教育就可以满足的。因此，大多数家庭无力承担。

谈到自闭症患者的法律保障，自然而然想到的是《民法》与《刑法》中无行为能力人和限制行为能力人的概念。但由于每一个自闭症患者的症状和程度都不是完全相同的，因此不能直接定义他们为无行为能力人或限制行为能力人，而是要根据医学鉴定和司法鉴定，这样的司法惯例侧重于对这一特殊人群的事后保护。事后保护固然是必要的，但国家和社会需要为自闭症患者提供更多的基本生活保障和权利保障，进而从根本上减少意外事件的发生。

二、中国自闭症患者立法保障机制的发展空间

通过前文对国内外相关立法的整理回顾，可以发现中国对自闭症患者的保障立法存在诸多问题，这些问题都是中国立法道路上的发展空间。结合上述问题和发现提出以下建议。

（一）注重立法的可操作性

在对中国现有相关立法进行回顾的时候，可以发现这些法条大多以宣传号召为主，而具体的细则要求并不多，缺乏可操作性。在新的立法过程中，需要更多地关注和调查自闭症患者的生活现状，立法文字必须更加具体明确，从而能够切实地为自闭症患者的生活提供保障。

（二）将自闭症患者列为独立的立法对象

现有的残疾人相关立法侧重于生理残疾，严重忽视了像自闭症患者这样的群体。这样的立法体系是不完整的，于自闭症患者而言更是缺失和不平等的。法律是保障自闭症患者权利与公平的最重要途径，在保障自闭症患者权利的立法进程中，必须关注到自闭症患者的特殊需求，将其列为独立的立法对象，或者对现有立法进一步完善，或者对自闭症群体的权利保障进行独立立法，形成独立的立法体系。

（三）形成系统全面的立法体系

以中国的《残疾人保障法》为框架，自闭症患者的生活保障也应该涉及康复、教育、劳动就业、文化生活、社会保障、无障碍环境和法律责任等各个领域，针对自闭症的特点进行具体细化。自闭症患者是一个具有多样性的群体，需要考虑这些现实情况区分立法，从而形成一个针对自闭症患者权利保障的系统全面的立法体系。首先，应尽快出台《残疾人教育法》。从《残疾人教育法》起步，逐渐对各个类别的残疾人进行特殊教育立法，保

障全民的受教育权。自闭症患者的受教育权有必要区别于一般的义务教育，中国可以根据自身国情适当延长义务教育年限，提高教育质量，为自闭症家庭减少经济负担，从根本上减轻自闭症患者的症状和数量。此外，在针对自闭症患者的教育立法上，要重视专业教师的水平，提高专业教师的工资，并为教师提供更多的培训学习机会。其次，要用法律保障自闭症患者的就业权利，使其成年后能够发挥所长，有独立生活的能力，缓解父母的心理压力。这种立法保障的落实或许比特殊教育更难，需要与社会各界相接洽，落实到每个村庄和社区，同时需要巨大的财政投入。

综上所述，中国在自闭症患者权利保障立法方面虽然起步较晚，但完全可以在充分考虑本国国情的情况下，借鉴发达国家在该方面较为完善的立法基础，并发挥好中国特色社会主义制度的优越性，制定相关立法保障体系，让自闭症患者这一弱势群体过上更加有尊严和幸福美满的生活。

第四节　自闭症的神经机制

自闭症的患病率呈逐年上升的趋势，认知神经科学的飞速发展使研究者们能从脑结构与功能的角度来探索其内部机制，以更好地理解自闭症的病理生理学机制。本节从自闭症的认知神经层次入手来总结以往重要的研究发现，并且对自闭症的典型特征、社会属性和行为异常、神经影像学重要成果进行总结。

自闭症是一种神经发育性障碍，主要表现为沟通与社会交流障碍，兴趣狭窄和重复刻板行为，常见于男性。调查结果表明，自 2010 年以来，自闭症的发病率在全世界范围内逐渐升高，已经达到 1/160。根据美国疾病控制与预防中心在 2014 年公布的数据，在美国 8 岁以下儿童的发病率已经达到了 1/68。我国至今仍没有关于自闭症的全国性普及调查，根据部分地区的调查发现，近年来自闭症的患病率在不断地增加。了解自闭症的发生发展进程，内在的生物化学及脑机制，更好地控制预防已成为广大研究者的重要任务。

关于自闭症的前期研究多为行为学研究，并没有深入到脑结构层次，从而具有一定的局限性。在儿童的成长发育早期我们较难看到他们稳定的发育特征，而可靠的自闭症诊断一般需要各方面行为发展趋于稳定才可做出，但这时可能已错过了他们最佳的发育时期，所以我们要找出他们发展异常的脑区和神经病理机制来揭示其内在机理，从而更好地服务于预防与诊断治疗。20 世纪 90 年代后，随着认知神经科学的发展，研究者越来越多地运用 EEG（脑电波）、fMRI（功能性磁共振成像）、DTI（弥散张量成像）、fNIRS（近红外光学成像）等科学技术来协助对自闭症脑结构功能的探寻，其中 fMRI 的贡献比较大，为我们对自闭症脑层面的认知提供了重要的基础，近年来 fNIRS 的使用则让我们从相对封闭的实验研究阶段走向人际互动阶段，使研究更符合自闭症的特点，从而增加了其生态效度。

研究者试图用一些理论来解释自闭症谱系障碍是如何在不同人群中表现出来的，如"弱中央统合模型""心理理论模型""镜像神经元系统模型"，但多年的研究发现自闭症是高度异质性疾病，研究者并未找到确定一致的原因来解释这一疾病。近年来神经影像学研究发现，自闭症患者在部分脑结构上与正常个体存在显著差异，这些区域主要包括额叶、颞叶、额颞环路、额叶小脑环路等。这与行为学研究测量自闭症患儿头围取得的结果一致。在脑功能连接方面，与正常个体相比，自闭症个体在不同脑区间存在近距离连接过度，而远距离连接不足的问题。这些脑功能连接异常的情况可能会导致自闭症个体不同脑区间的信息统合能力异常，以及协调能力变差，全脑连接分散，并最终导致自闭症个体在心理与行为结果上的异常表现，出现自闭症状。这些研究结果在脑电波（EEG）的研究中也得到了证实。这些相对一致的脑结构及连接异常为我们初步揭示了自闭症患者的脑与正常人脑的差异。

一、社会交往异常的脑基础

自闭症患者的核心问题就是社会交往和沟通相关的障碍。自闭症儿童言语发展滞后，缺乏眼神交流、面孔对视以及对他人情绪的理解等基本的社交技能，这使其社会功能严重受损。fMRI 研究结果表明，自闭症患者的杏仁核区域与正常个体存在显著差异，比如在社会认知与信息加工任务中，表现出异常激活。也就是说，杏仁核功能紊乱可能是自闭症患者社交功能受损的重要原因。而在面孔知觉加工任务中，与正常个体相比，自闭症患者在梭状回面孔区表现出更低的激活。在面孔加工实验中，在用儿童父母的面孔或陌生面孔实验时发现，在观看父母面孔时，自闭症儿童与正常儿童相比，在梭状回的激活并没有差异，而在观看陌生面孔时，自闭症儿童双侧梭状回的激活区域只占正常儿童的 25% 左右，且在梭状回左侧的信号变化率显著少于正常儿童，这可能与自闭症儿童对陌生面孔的兴趣与注意力减少有关。梭状回在面孔识别的过程中起着重要的作用，而普遍研究表明自闭症儿童在任务态下的脑部梭状回区域异于常人，这与我们以往的行为学研究中自闭症儿童回避、不愿意看人脸相一致。Ashleigh Hillier 等人研究发现，自闭症儿童对不同类型的情绪识别存在一些差异，他们对害怕伤心等负性情绪不易识别，而对高兴情绪则与正常儿童无异，对于比较复杂的情绪更是难以识别。还有研究表明，自闭症患者存在脑部结构和连接的异常，短距离的脑连接增强，而远距离的脑连接减弱。Carper 等人的研究结果表明，自闭症个体在额叶、颞叶和顶叶、胼胝体、梭状回以及白质体积等方面存在异常。其中，前额叶、颞叶和顶叶体积增大与局部关联紊乱有关，而胼胝体内部关联性的下降导致左右脑信息整体能力显著下降；左脑初级运动区的白质体积增大与其功能低下相关；梭状回与相关脑区的连通性的削弱可能与患者面孔识别能力低下相关。孟景等人研究发现，自闭症患者在简单或外显任务中共情能力表现相对完整，而在复杂或内隐任务中则表现出共情受损现象，这可能与自闭症个体难以自发、主动地注意并加工社会信息有关。在相应的脑激活水平上，在外显任务中，自闭症个体面对他人情绪时前额叶激活水平显著上涨，而在内隐任务中并无显著变化。对语言功能受损的自闭症患者进行静息态脑功能连接分析时发现，与正常个体相比，自闭症个体中负责语言加工的脑区间的连接显著降低。双侧布洛卡区与背侧前额叶，语言监控与右侧小脑间的连接，这些脑区对人们日常的社会交往和交流都有着非常重要的作用，而自闭症患者脑功能网络的异常也正印证了早前研究中他们相应的社会行为异常。

二、刻板行为的脑基础

Frith 等人认为，自闭症患者的主要问题是难以对信息进行整体加工提取，并基于此提出了 WCC(Weak Central Coherence，不能做重点或整体思考)模型理论。WCC 理论认为，个体对信息进行加工时，对于意义是进行整体性提取的，而自闭症患者只能从局部意义进行提取，也就是说，自闭症个体的信息加工是碎片化的，难以将片段式的信息整合成有意义的整体，所以说，相对于正常儿童，自闭症儿童很难很好地利用背景环境来为自己做参照。该理论不同于心理理论等，它揭示了自闭症患者行为等方面的异常。Dapretto 等人结合 fMRI 技术研究发现，自闭症个体位于前额叶皮层的镜像神经元活动明显弱于正常个体，也就是说，自闭症个体的镜像神经元系统可能工作失常。采用 EEG 进行的研究也发现镜像神经元存在异常，当正常个体在自己做动作或观察别人的动作时，其椎体神经元同步活动的电信号之后会在感觉运动皮层出现一个后续的抑制作用过程，而自闭症个体在完成相同任务的过程中，并没有出现类似的抑制过程。镜像神经元是当个体在模仿他人时脑部特定的激活部位，这一区域神经活动的减弱在某种意义上说明了自闭症患者行为背后脑结构上的异常。

总的来说，自闭症患者存在社会交往能力缺乏和刻板行为，存在着脑结构与功能的异常，以往的研究虽已经取得了一些成果，但是还没有达到一致的稳定的结论。对自闭症患者存在的脑区发育异常，以及不同脑区之间的结构和功能神经通路还需要进一步阐释，这将有助于人们更好地理解自闭症的病理生理学机制。到目前为止，基于认知神经科学技术

（磁共振、脑电波等）的研究越来越多，而一致性的结论还相对较少，未来的研究需要大样本的纵向追踪研究来进一步寻找自闭症的神经生物学标记，为预防、诊断和干预自闭症个体提供更为精确的依据。

第五节　自闭症儿童体能研究

当前，自闭症儿童愈发受到社会各界的普遍关注，自闭症儿童的身体机能水平较普通儿童来说有较大差异。本节通过研究国内外自闭症儿童体能的相关文献，深入了解自闭症儿童体能发展现状，并针对自闭症儿童在体能训练过程中存在的相关问题进行分析、总结，希望对自闭症儿童体能训练提供一定的参考，为不断地提高自闭症儿童的体能健康水平和身体素质提供一定的理论指导。

自闭症是公共卫生中一个较严重的全球性问题，它对儿童的身心发展产生严重的危害，在当今社会是较为普遍和高发的一种发展性障碍疾病。自闭症儿童的干预在诸多领域受到研究者的广泛重视，涌现了大量关于自闭症干预的文献。下面将以前人的研究为基础，对体能的概念、体能（体适能）对自闭症儿童的干预效果进行探讨，旨在为当前自闭症儿童体能（体适能）干预这一研究领域存在的空缺与不足提供参考。

一、体能的概念

体能（Physical Fitness）一词最早源于美国。从广义上讲，它是指人体适应外界环境的能力。在英文文献中，Fitness 常被用于表达身体对某种事物的适应能力。例如，"fitness for competition and win""fitness or life activity"。德国人将之称为"工作能力"，法国人称之为"身体适应性"，日本人称之为"体力"，中国香港地区、中国台湾地区的学者将之翻译为"体适能"，美国学者 Caspersen 将体适能分为健康相关的体能和运动相关的体能。健康体适能主要包括心肺耐力、柔韧性、肌肉力量、身体成分等；运动体适能是指从事运动所需的速度、力量、耐力、灵敏性、协调性、平衡等。

二、国内外对于自闭症儿童体能研究现状

（一）国内对自闭症儿童体能研究现状

在中国知网学术平台，以"自闭症（孤独症）儿童"或"自闭症（孤独症）青少年"等作为检索词在篇名里面进行检索，同时以"体能"或"体适能"作为检索词对期刊论文

数据库的文章摘要进行中文检索，一共检索到 4 篇论文。在万方数据平台，以同样的关键词进行中文检索，同样检索到 4 篇论文。但是在中国知网学术平台，通过检索"自闭症儿童体育""自闭症青少年体育活动"等关键词，一共检索到论文 44 篇。以同样的方式在万方数据平台检索到相关文献 73 篇。通过对比检索文献可以发现，我国对于自闭症儿童及青少年在体育活动以及运动对自闭症儿童青少年的影响的相关研究较多，但与体能及体适能结合的研究文献较少。

在我国现有的研究当中，以体育游戏作为干预手段的研究占所有研究中的绝大多数，因为，自闭症儿童存在的许多问题行为与缺乏运动之间往往存在相关性。由于自闭症儿童的身心特征，一般体育课上的活动及难度较大的运动技术往往对其并不适合，也很难引起其运动兴趣。而体育游戏具有一定的趣味性，能够激发自闭症儿童参与活动的积极性，在体育游戏过程中发展了研究对象的平衡能力、协调能力、肌肉力量以及集中注意力的能力，这其中也包含了体能以及体适能的相关内容，只是以体育游戏的形式发展了自闭症儿童的体能及体适能，但文章中并未明确将体能（体适能）作为主要内容来进行描述。

而以运动项目作为干预手段的研究较少，个别研究以足球、韵律体操、体育舞蹈、健美操等项目作为干预手段。其中，汪胜、孙玉梅认为：足球运动有利于提高自闭症儿童的身体素质，促进其肌肉和身体平衡等能力的发展，而且足球运动干预还可以锻炼自闭症儿童的反应力。刘容认为：在韵律体操项目中，在实验后对于自闭症儿童的上肢肌力和坐位体前屈成绩与实验前比较有明显的改善。

研究对象：文章普遍针对特殊学校的 1—6 名自闭症儿童，年龄分布在 3—9 岁，且男性儿童多于女性儿童，进行为期 3 个月的实验干预，且干预前后都有明显差异。

研究方法：文献资料法、观察法、访谈法（专家、教师、学生家长）、实验法（游戏实验）、数理统计法。

综上所述，体育游戏干预前，自闭症儿童的动作不够协调且动作固执重复、肢体语言比较刻板，且运动能力也比较差；体育游戏渗透后，自闭症儿童的运动能力大大提高。由此可见体育游戏对自闭症儿童的运动能力产生了极大的影响。且在此过程中，自闭症儿童的肢体语言、主动运动语言交往次数逐步增加，且交往目光的接触时间不断延长，情绪问题行为与刻板行为明显地减少，促进自闭症儿童的分享意识与合作意识的增强。可见，体育游戏可以提升自闭症儿童的身体协调力、运动技能与平衡力等，从而提升自闭症儿童的身体素质，进而增强其体能。

（二）国外对自闭症儿童体能研究现状

以"autism"或者"autism spectrum disorders"作为检索词在题目里进行外文检索，同时以"physical fitness"作为检索词在文章题目中进行外文检索，在百度学术中检索到 170 篇论文，根据本节研究的重点，从以上检索到的外文文献进行筛选，并结合笔者自己的实际情况，最后只认真阅读了其中的 20 几篇。通过对这些论文的分析、整理发现，国外对于自闭症儿童体能的研究相对较少，而将更多的关注点放在了身体活动上，在这些文章中学者们主要是从以下几个方面进行研究的。

1. 以水环境为实验的环境针对自闭症儿童青少年进行实验

Ilker Yilmaz 等人在 *Effects of swimming training on physical fitness and water orientation in autism* 中通过对 9 岁的自闭症儿童进行为期 10 周的游泳训练，发现该儿童的平衡、速度、敏捷性和力量得分增加，信心和身体素质得到提高，下肢肌力、柔韧性和心肺耐力增加。所以游泳训练和水上运动对身体发育非常有效，能够提高体能及身体素质。

2. 有关自闭症儿童青少年的体育活动及身体活动模式

Megan MacDonald 等人在 *The physical activity patterns of children with autism* 中通过研究 72 名年龄普遍分布在 9—18 岁的自闭症儿童，发现在中等运动强度下，年龄较大的儿童与年幼的儿童相比，身体活动能力更差，通过锻炼，体能提升的程度小于年龄更小的儿童。

Iva Obrusnikova 在 *Perceived Barriers and Facilitators of Participation in After-School Physical Activity by Children with Autism Spectrum Disorders* 中使用儿童和青少年患有自闭症的生态模型发现自闭症儿童对中度到剧烈体育活动的参与障碍和促进因素，大多数的反应与个人、人际和身体、环境因素有关。

3. 测量中学生孤独症体育活动及体能的实验研究

Chien-Yu Pan 等人在 *Objectively Measured Physical Activity and Health-Related Physical Fitness in Secondary School-Aged Male Students With Autism Spectrum Disorders* 中发现：①自闭症儿童整体运动能力较低，且在日常进行中高强度的体育活动的时间较少；②除身体成分外，患有自闭症的儿童在所有身体健康测量方面的得分都明显低于正常儿童。所以要迫切对患有自闭症的中学生进行具体干预，以最大限度地提高他们的体育活动及体能水平。

Teri Todd 等人在 *Increasing Physical Activity in Individuals With Autism* 中使 3 名患有自闭症的中学生参与了为期 6 个月的户外体育活动、通过采用改变条件的设计，在疗程中提供可食用的强化剂，并将该方案分为 6 个阶段制定干预措施，结果发现可以促进自闭症患者持续参与体育活动。

三、结论

1. 自闭症儿童的柔韧性有了明显的发展

刘容认为，实验后实验组的上肢肌力和坐位体前屈成绩与实验前相较有明显的改善，这表明，相对于传统的体育课活动来说，韵律体操练习对特殊学生的上肢肌力和柔韧性的改善有更好的效果，被试者的柔韧素质有了明显的改善。

2. 自闭症儿童的平衡能力有了明显的发展

汪胜、孙玉梅认为，实验后个案显示能够进行保持姿势运动训练并能够在运动中变向衔接。个案进行平衡性训练的前后效果较好，说明个案通过足球运动的干预，身体的平衡能力以及对身体的控制能力提高。

3. 身体协调能力大大增强，而在其他层面运动能力进步较小

汪胜、孙玉梅认为，足球运动是一项考验身体四肢协调配合能力的运动，经过长期的训练，实验后个案动作的完成度和连贯性提高，能够以标准姿势踢球，且击球的力量大、准确性高，而在实验前，个案很难做好这些技术动作。说明足球运动有助于自闭症儿童身体的协调能力的进一步提高。

四、研究展望

（一）延长进行干预的时间

实验者进行研究干预的时间普遍较短，通常为 3 个月。而通过查阅文献发现，在实验的初期、中期、后期分别与实验前做对比时可以看出，在初期及中期自闭症儿童体能发展的实验效果并不明显，而在实验后期才有了较为明显的变化。以此大胆推测，如果实验的时间延长至 6 个月甚至 1 年以上，对自闭症儿童的体能发展状况会有更为明显的进步，进而会提高自闭症儿童与他人交往的能力，降低其恐惧自卑的心理。

（二）增加研究对象

研究普遍采用 1—3 名自闭症儿童进行实验，被试数量较少，个体差异性较大，难以体现实验的普适性。究其原因可能是由于进行实验的人员只有研究者一人，而进行的实验较为复杂。如果将被试数量提高为 6—10 人，同时增加 1—2 名实验者，所得到的实验结果可能更加趋于准确，更具说服力。

通过查找对比国内外文献发现：第一，专家学者对于我国自闭症儿童关于体能（体适能）方面的研究内容较少，更多的关注点放在体育游戏领域，少部分研究与具体的运动项目相结合。究其原因可能是体育游戏的趣味性能够激发自闭症儿童参与体育活动的兴趣，

能够使实验更好地进行。因此，在对自闭症儿童进行体能干预时应采用趣味性强、娱乐性强、参与度高的项目进行测试，而不要选择枯燥乏味的项目测试。第二，研究对象较少，多以 1—3 人为研究对象，究其原因可能是自闭症儿童个体差异较大，且相对于普通儿童进行实验难度较大，而实验执行者多为个人进行实验，时间精力有限。第三，国外对于自闭症儿童体能研究相对较少，多以体育活动进行研究较多。因此，对于自闭症儿童的体能（体适能）方面的研究还需要更多专家学者不断探索，为提高自闭症儿童体能水平、机体能力，进而改善其身体素质提供一定的指导。

第二章　自闭症儿童语言训练的理论研究

第一节　自闭症儿童的语言现状

因汉语的语言和文化具有独特性,故国外文献对自闭症儿童语言障碍特征的描述不能全面客观地反映汉语自闭症儿童的语言特点。基于医学量表描述的自闭症儿童语言及非语言特征较为笼统,亟需实证研究的大数据来整合自闭症儿童语言的各个范畴特征,进行康复。以往研究很少把自闭症儿童的语言和非语言结合起来,需要考察语言和非语言的跨通道特性和各自不同功能,使其语言和表达性非语言互补。据此,我们提出自闭症儿童语言和非语言研究新构想。

一、国内外自闭症儿童语言研究现状

(一)国外自闭症儿童语言研究现状

自闭症儿童的语言在语音、词汇、句法、篇章、语义及语用等语言范畴表现出异质性。约50%的自闭症患者语言交际困难,发音异常,韵律受损。在接收性和表达性韵律任务中,高功能自闭症儿童的表现远不及正常儿童。分析69名自闭症儿童的话语后发现,他们非发育性的语音错误更多。自闭症儿童不能利用注视线索中的社会信息习得词汇,句法障碍明显。自闭症青少年复述关系复合句时的错误频率与特定语言障碍的青少年没有差别。自闭症儿童能够使用如被动式结构,但把动词映射到使役动作。句法无障碍的自闭症儿童能掌握适龄的词汇知识,词汇概念凸显影响其语序。高功能自闭症儿童不能利用语境推测心理动词、社会规约和隐喻的意义。在篇章方面,自闭症儿童叙事中的推断和构建事件因果关系有障碍。高功能自闭症儿童和父母讲述故事时,引言顺序没问题,但主题缺乏整体组织。用自闭症诊断观察量表(The Autism Di-agnostic Observation Schedule,ADOS)测试57名自闭症儿童,发现他们的会话脱离话题;学龄自闭症儿童对记叙文的理解不如正常儿童。在语用方面,自闭症儿童不理解交际目的及比喻性语言。儿童交流量表(Children Communication Checklist,CCC)测试表明自闭症儿童语用技能比威廉氏综合征儿童更差。

右脑语言成套测验（the Right Hemisphere Language Battery，RHLB）表明自闭症患者不能理解推断的意义和幽默，自闭症患者的数量推断能力没有损伤，能使用表示选择关系的"or"，能推测"some"的数量会话含义。

（二）国内自闭症儿童语言研究现状

国内自闭症的研究主要集中在医学、康复治疗及教育方面。以"2010-01-01—2017-12-31"为时间段，以"自闭症"或"孤独症"为主题并包含"语言"字段，在中国知网及核心期刊检索 SCI、EI、CSSCI，共检索到与自闭症相关学术论文 146 篇，其中医学 80 篇（55%），康复治疗及教育 37 篇（25%），心理学 9 篇（6%），语言 11 篇（8%），其他 9 篇（6%）。与自闭症儿童语言相关的医学、康复治疗以及教育方面的研究主要依据医学量表描述其语言和使用量表评估其语言。采用中文版心理教育评定量表（Revised Chinese Version of Psycho-Educational Profile，PEP-R）测评未经干预的 300 名自闭症儿童的语言能力发育，发现他们的语言能力发育进展和次序异常，并随着年龄的增长而加重。选用 20 名发育迟缓儿童、20 名正常儿童和与之发育月龄匹配的 31 名自闭症儿童，在运用中文早期语言与沟通发展量表（Putonghua Communicative Development Inventory，PCDI）的词汇量评估中，发现他们的表达性词汇总量与正常儿童无显著差异，比发育迟缓儿童稍多，词汇结构中名词偏多，语言发展进程异常。自闭症心理学和语言学方面文献较少，涉及语言加工的试验研究。12 名自闭症儿童在语义启动任务中，复杂单词、句子和篇章的语义加工缺陷明显，具有视觉图形编码优势。20 名 4—7 岁自闭症儿童在图片匹配测试中，容易理解以形状相似性为基础的隐喻，隐喻理解能力显著弱于普通儿童。3 个系列的眼动技术试验发现，被试的 18 名自闭症儿童利用社会线索习得词语与普通儿童存在差异。这些自闭症儿童词汇习得或语义加工的心理学研究为自闭症儿童语言其他范畴的研究或整合奠定了基础。国内对自闭症儿童语言产出进行语言学上的分析刚刚起步。汉语高功能自闭症儿童在看图说话中，表示"体"的语法意义显著少于和他们智力、平均话语（MLU）配对的正常儿童所用的。17 名 4—5 岁普通幼儿和 17 名与之具有相同语言理解能力的自闭症幼儿相比，他们图片排序和故事结构无显著差异，但平均语句长、连贯性、口语表达形式上差异显著。

此外，一切不使用语言的交际活动统称为非语言交际，主要包括面部表情、音量、手势、体态、距离、时空观念等。非语言交际与语言交际相结合，对语言进行强调、补充、修正，甚至替代或否定。在时间上，二者具有协同性，反映交际的认知。非语言行为可以帮助理解自闭症儿童的真正语意及其思维。他们的手势、体态、面部表情等对语言发展及康复治疗也有重要作用。现有自闭症儿童接受性非语言沟通能力的研究多是考察早期自闭症儿童在理解实现共同注意或在交际中提出请求时，如何使用眼神、手势等沟通形式的能力，涉及更为丰富的体态理解的研究基本没有。以伸手动作为例，自闭症儿童和正常儿童手势可能相同，但手势的本质和意义完全不同，需要进行系统的实证研究。

（三）汉语自闭症儿童语言研究的不足

汉语有自己的语言和文化特点，早有研究表明，汉语认知有不同于拼音文字的脑神经激活模式。

基于医学量表描述的自闭症儿童语言以及非语言特征较为笼统，亟需实证研究来整合他们语言各个范畴的特征。自闭症确诊后，要根据患者的语言特征，制定相应的汉语语音清晰度测试表，确立汉字、词语、句子的训练标准，进行有效的语言康复。

自闭症患者语言障碍个体差别大，也因性别、年龄、智力及干预程度的差异而不同。1000多万汉语自闭症患者在语音、词汇、句法、篇章、语义、语用等层面所呈现的特征需要语料库的大数据支撑。以往的研究很少把自闭症儿童的语言和非语言结合起来。

二、自闭症儿童的语言研究构想

自闭症异质性很强，成因复杂，个体差异大，语言及非语言表现出的特征不尽相同。自闭症患者的语言及非语言行为受性别、年龄、智力及干预状况等因素的影响，所以，数据采集的手段必须可靠有效。根据儿童特别是自闭症儿童的特点，应充分激发被试儿童。儿童叙事能力成为评估正常儿童和语言障碍儿童沟通能力的一种有趣而有效的方法，也是自闭症儿童语训的有效手段。叙事能力是儿童语言能力的重要组成部分和语言习得的重要内容，对促进儿童认知能力、人际交往能力的发展起着重要作用。叙事包括叙事内容和叙事评价；叙事形式由低到高可分为复述、讲述、自述。在叙事中，可以找到测量叙述者语言能力的变量，如意义单位、句子复杂度、叙事成分、心理术语、说话风格（包括韵律、手势及面部表情）。根据有语言障碍的自闭症儿童的性别、生理及发育年龄、语言及非语言智力和干预情况与正常儿童进行匹配，研究的信度和效度才有保障。

（一）研究思路

设计不同类型的叙事任务，如听录音复述故事、看图自述、讲述个人故事等，旨在激发自闭症儿童语言产出，并对其录音、录像，建立一个多模态的汉语自闭症儿童语言及非语言语料库。标注之后，提取数据，从语音、词汇、句法、篇章及语用等层面进行分析，对比自闭症儿童和正常儿童的语言特征差别，揭示汉语自闭症儿童语言特征的特异性，探讨语言及非语言的跨通道特征及功能。

（二）研究方法和步骤

创建自闭症儿童多模态语料库：选取被试。在医院、自闭症康复中心或培训机构选取生理年龄为 5—13 岁的自闭症儿童，在幼儿园或常规学校选取通过 Gesell（格塞尔婴幼儿发展量表）或韦氏儿童智力量表测试的神经心理发育正常且生理年龄为 4—10 岁的儿童。经医学伦理委员会批准，取得儿童监护人知情同意，签署知情同意书。研究者根据被试具体情况，按照性别、发育年龄、非语言智力、干预状况等因素匹配分组，确保每组最小样本不少于 30 例，相应匹配的正常儿童对照组亦然。

研究任务及工具。受试者将分期完成故事复述、看图说话、个人故事讲述等多项任务，考查受试者的语音、词汇、句法、篇章及语用能力。采用 4 部每秒 30 帧以上 PCM 格式录音的高清数码摄像机（如索尼 HXR-NX30C），对自闭症儿童和正常儿童的试验过程进行全方位立体摄像、录音。随后，运用 Praat 和 ELAN 音视频处理工具进行个性化的标注。

数据收集。在康复中心、语训机构或学校空间稍小的教室放置 4 部隐形摄像机，分别对准受试者全身、面部及左、右、后侧进行全方位立体摄像、录音；受试儿童在语言治疗师和家长的疏导下，完成各项叙事任务。

数据提取。检查、校对标注后，计算机技术人员将编写并运行 Praat 或 ELAN 脚本，提取言语及非语言相关数据。

（1）语言特征比较。研究者可以从五个方面全面比较自闭症儿童及正常儿童的语言特征：语音方面，比较自闭症儿童和正常儿童语音声学特征，重音、声调、语调、停顿及语速等韵律特征，情感及态度表征及可理解度；词汇方面，比较自闭症儿童和正常儿童词汇量大小、词义关系的理解和表达、虚词及俗语的运用；句法方面，比较自闭症儿童和正常儿童使用的句型、句子长度和复杂程度；篇章方面，比较自闭症儿童和正常儿童叙事结构、连贯性、衔接及逻辑思维方式；语用方面，依托叙事语境，比较自闭症儿童和正常儿童对交际意图的理解、语言使用的得体性及话语行为。

（2）非语言特征比较。在叙事语境中，结合以上语言特征，比较自闭症儿童和正常儿童的手势、体态、脸部表情等非语言行为的沟通作用和认知。

（3）跨通道特征研究。计算机技术人员将编写脚本，提取多模态数据，研究者分析自闭症儿童和正常儿童的语言特征同手势、体态、面部表情、距离等非语言的协同性；比较他们的语言及非语言在表情达意方面的作用和相互关系。

（三）研究构想的缘由

研究构想的基本思想是运用语言学及应用语言学理论解决医学临床问题。自闭症成因复杂，学术界目前还没有定论。笔者设想，首先从语言学的角度描述自闭症儿童语言和非语言特征,根据这些特征进行自闭症分类,为将来探究其成因、认知机制及其康复治疗奠定基础。

自闭症儿童的语言及非语言是其认知机制和神经基础的窗口,在语音、词汇、句法、篇章、语义及语用上的特征互相联系,不可孤立地看待某一语言现象。自闭症语言和非语言缺乏协同性,非语言可以帮助理解自闭症儿童真正的语意。只有依据自闭症儿童的语言及非语言特征而进行的语言康复治疗才能达到最佳效果。

构想拟建立基于自闭症儿童叙事文本、语音和视频的多模态语料库,检索大数据,全面描述他们的语言及非语言特征,揭示汉语自闭症儿童语言及非语言的特异性;基于语音和视频,研究他们语言和非语言的协同性以及他们语言和非语言在交流中的跨通道性和功能。

三、自闭症儿童语言特征研究的价值

拟以自闭症儿童叙事语言和非语言为语料,建立多模态语料库,描述自闭症儿童语言不同范畴所呈现的特征,检验或修改、补充以往国外自闭症语言的研究结论,揭示汉语自闭症儿童语言的特异性。

自闭症儿童的认知能力、语言和非语言特征在叙事行为中得到全面的反映,为医务人员对其进行干预治疗、语言康复提供参考。在临床和康复方面,比较自闭症儿童语言及非语言的协同性,便于医生或语言康复师对症"下药",有的放矢,增加非语言沟通行为的发生,减少不适当行为的发生,从而改善自闭症儿童的社交能力;语言的不足可以通过非语言来弥补或辅助,从而增强语言和非语言的协同性,增强自闭症儿童的社交效率。

自闭症儿童教育方面,针对自闭症儿童叙事的语言特征,可以为自闭症儿童融入常规学校、融入社会提供语言方面的服务,如针对自闭症患者语言康复的教材开发、教学方法设计等。

以自闭症儿童叙事语言及非语言为窗口,研究其语言和非语言在交流中的相互关系及作用。如果按语言和非语言行为分类,绕过自闭症成因的多样性和复杂性,研讨自闭症儿童的认知机制,对于丰富和发展语言学理论及习得理论有重大意义。

第二节　自闭症儿童的语言障碍

自闭症是一种广泛性发育障碍,患病人数逐年增加,但自闭症的发病机制尚不明确,自闭症患者康复概率较小，儿童一旦被诊断为自闭症就难以康复，语言、社交以及沟通障碍为其生活带来了极大的不便。从独立的语言范畴出发，结合自闭症儿童的语言发展特征，其语言障碍可分为音韵、语义、句法和语用能力这四个方面的障碍。虽然个体差异显著，但几乎所有自闭症儿童都存在不同程度的语言问题。因此，研究自闭症儿童的语言障碍对教育和康复治疗极为重要。

美国每一个小时就有约 3 名儿童被诊断为自闭症患者，全球自闭症流行率约为 1%，且每年呈增长趋势。加利福尼亚发展服务部 2003 年的一份研究表明，1987 年至 2003 年期间，加州自闭症的流行率增长了 634%；2000 年至 2005 年间增长了 16%，其中儿童患病率约为 1.14%，男孩患病率显著高于女孩；2018 年 4 月 26 日，美国疾病预防控制中心（CDC）发布的 2018 年关于自闭症谱系障碍（ASD）患病率的最新统计数据为 1∶59，比 2016 年发布的数据 1∶68 上升了 15%。

自闭症患者的临床表现主要有语言、社交和沟通障碍，且常伴有重复性刻板行为、兴趣狭窄。与正常儿童相比，自闭症儿童说话较晚，通常 38 个月后才能说话，而正常儿童开始说话的时间为 8—14 个月，自闭症儿童的语言障碍尤为突出。

1996 年至 2015 年间，国内关于自闭症儿童语言障碍的核心文献仅有 20 余篇。文献作者多为业余兴趣爱好者，一线人员参与较少，专业性较弱；采用的研究方法主要以外文文献的阅读为主，极少采用实证研究的方法，即便采用了实证研究，实验材料也以自编的汉语材料为主，缺乏统一的标准。由于对自闭症病理机制的认识相对有限，因此自闭症患者的康复治疗缺乏有力的理论支撑。笔者从独立的语言范畴出发，结合自闭症儿童的语言发展特征，将其语言障碍分为音韵、语义、句法和语用能力这四个方面的障碍，并进行了简要的分析，力求为未来自闭症儿童的康复和教育提供相关的理论支撑。

一、自闭症儿童的语言发展特征

语言是人类独有的，是区别于动物的显著特征，是个体与外界沟通的桥梁，是文明也是思维的产物。儿童出生后一年半的时间里便开始通过语言与外界进行沟通。正常儿童在逐渐掌握大量词汇的同时又以极快的速度习获语法，因而能通过适当的方式完成与他人就某一话题的交互对话，将自身的想法表达成连贯的语段。但大多数自闭症儿童在语言表达和理解方面存在明显的障碍，致使其交流受限。他们当中有人一生都无法获得语言；有人仅能掌握少数简单词句，但却完全无法与人交流；还有人虽能通过语言与他人进行交流，但在交流的过程中存在着或多或少的障碍。

正常儿童句法能力的发展与语义、音系间的发展是相互依存的，但自闭症儿童在三者间的发展是相互孤立的。他们的语言发展状况主要呈现出以下几个方面的特征。

（一）词汇、句法和形态特征

自闭症儿童的语言在词汇、句法、形态特征等方面和正常儿童相比具有显著差异，尤其是词汇方面的发展严重滞后于正常儿童。

周滢发现，不同类型的自闭症谱系障碍儿童在词汇表达方面存在特异性。高功能自闭症谱系障碍儿童的整体词类发展过程和正常儿童基本保持一致，词汇量随年龄的增长而增加，词类分布稳定，大部分主要词类的发展与正常儿童相比无明显差异，仅有个别词类的发展和使用存在困难。他们常使用大量自创的新词和偏僻的书面词汇，实际中却常常无法理解词义上相反的词语，例如，他们常把"开门"当成"关门"，把"来"当成"去"；无法理解肯定句与否定句，例如"行"和"不行"，"去"和"不去"，"吃"和"不吃"，"听"和"不听"等；常常以事物的某种属性指代事物本身，比如把"冷"说成"雪"，把"黑暗"说成"晚上"，把"香"说成"花"等。

此外，词汇与物体的匹配错误也是高功能自闭症谱系障碍儿童在词汇表达时的显著特征之一。例如，他们常用"苹果"指代"香蕉"，用"铅笔"指代"卡车"，用"鞋"指代"汽车"，用"书"指代"房子"等。虽然正常儿童在词语习得的过程中也会经历类似的词汇与物体指称错误的现象，但随着年龄的增长、词汇量的增大以及父母、老师等的纠正，正常儿童使用词语与物体的指称逐步匹配，逐渐能正确使用词语。但高功能自闭症谱系障碍儿童的这种不匹配现象并不会消失，相反，随着年龄的增长会出现逐渐增多的趋势。

低功能自闭症谱系障碍儿童在词汇使用上存在困难，但仍具有一定数量的语言。他们整体词类的发展严重滞后于正常儿童，不仅在整体使用词汇上存在困难，而且词类的词型数还严重低于正常儿童所能使用的数目。此外，各词类使用比例也很不稳定。荆伟、方俊明认为低功能自闭症谱系障碍儿童语言的实质是被动地回应和机械地模仿，词汇呈现出"伪"产生的现象，语言表现为回声式语言，是对父母语言的机械重复。周滢认为，造成这一现象的主要原因是低功能自闭症谱系障碍儿童所具有的词汇大都是建立在成人的语言基础之上的，或是在惯常的语言活动之上，并非同正常儿童一样，是通过理解、依靠自身的认知能力而主动产生的。

句法上，自闭症儿童的平均句长增长曲线和正常儿童的语言发展曲线无明显差别，但句法结构的丰富性不如正常儿童。在形态特征上，自闭症儿童在时态、性、数、格等一致性标记方面存在障碍。英语自闭症儿童在动词时态的变化上表现出很大困难，汉语自闭症儿童对于动词后面表体态的诸如"了""着"和"过"等语素也表现出类似的缺陷，他们在词汇的理解和使用上都存在很大的困难。

（二）代词的逆转

自闭症儿童的语言特征还表现在代词的逆转使用和错误使用上。

由于自闭症儿童概念化加工过程存在障碍，无法将自己和他人的概念进行概念化加工，在实际生活中，他们说话时有回避使用人称代词的倾向，即使使用了人称代词，在使用中也常常犯错。例如，他们常用"你"来指代自己，用"我"来指代交谈的对象。在实际生活中也常常出现代词误用的现象，如较少使用人称代词"我"的宾格，而倾向于使用指物和指人的名词代替这类代词的使用，倾向于使用名词指代人和事物。

虽然代词的逆转使用会随着年龄的增长稍有好转，但李晓燕、周竞仍然认为代词的逆转使用是自闭症儿童诊断的重要指标之一。

（三）回声式语言

在正常儿童咿呀学语阶段，自闭症儿童却缺乏有意识的语言模仿，但其无意识的模仿能力较强，甚至只有模仿性的语言，这被称为"鹦鹉式"或"回声式语言"。回声式语言分为即时回声式语言和延时回声式语言两类。即时回声式语言指自闭症儿童重复刚刚听到的所有或部分话语，例如，问"你喜欢吃什么"时，回答"你喜欢吃什么"；问"你叫什么名字"时，回答"名字"。延时回声式语言指自闭症儿童重复在过去某一时间或时刻听到的话语，例如，第一天询问自闭症患者"你的名字"，第二天问"你喜欢吃什么"时，他们却回答第一天提问者提问的内容"你的名字"等。

Prizant BM 认为，自闭症儿童的认知处理模式和语言的认知发展过程中的主要行为有即时回声、延时回声和社会交互式行为。正常儿童正是通过模仿周围环境中的语言来习得母语，但他们的模仿并不只是简单的机械模仿，而是有选择性地模仿，因而，在正常儿童的语言发展过程中也能看到回声式语言。例如在刚开始学说话时，父母指着面前蹲着的猫，对儿童说"猫"，儿童也回应"猫"。这种回声式语言被认为是儿童语言发展的正常阶段。随着儿童年龄的增长，回声式语言的使用将逐渐降低乃至消失，通常在儿童两岁半时逐渐消失，三岁以后若还出现回声式语言则被认为语言发育不正常，应考虑该儿童存在语言障碍。

尽管自闭症儿童在互动的结果上存在障碍，却能理解谈话者的提问，并能产生适当的诸如眼神或动作等的非语言行为，相对于完全不理睬或不回应行为，这一发现又更进了一步。不过由于自闭症儿童在理解话语方面存在困难，因而不具有适当回应他人语言的能力，但回声式语言使得他们有与他人交流的倾向，能在对话过程中产生话轮转换现象。因此，自闭症儿童的回声式语言表明自闭症儿童拥有和他人交流的欲望，在针对自闭症儿童的语言教育时，不能一味地排斥回声式语言，对他们应该有关爱、宽容、包容之心，应多给予他们鼓励。

（四）语言韵律失调

韵律（rhythm）是超音段特征之一，能调控和增强语音信号。声调是一种汉语语音单位，具有区别意义的作用。语言韵律失调相对于自闭症儿童的其他语言特征而言更难以改善。

与正常儿童相比，自闭症儿童在韵律感知和表达方面表现出明显差异，说话平淡无味，没有正常儿童说话时的"抑扬顿挫"。高功能自闭症儿童（HFA）和阿斯伯格症儿童（AS）的语言在语音方面表现为单调或机器语调，音高使用不足，较难控制音量，以至于有时会突然发出尖锐的叫声和哭喊声。而且，尖叫和哭喊还具有一定的传染性，如果患儿聚集在一起，只要其中一人尖叫起来，其他患儿也会跟着一起尖叫、哭喊。

PHAN THI TRA MY（潘氏茶梅）认为，具有语言障碍的自闭症儿童既无法理解他人的话语，又无法用语言表达自己的需求，因此往往采用哭喊、尖叫、手势或僵硬的肢体动作等来表达自己的需求。当他人不能正确理解自己的意图时，他们会表现出极端情绪，如哭闹、尖叫等，有时甚至会出现危险的自残行为。此外，自闭症儿童的声音质量较差，较难掌握重音。

二、自闭症儿童的语言障碍

语言障碍大部分是因为构音器官、听觉系统以及脑区神经系统的病变或损伤，可以分为构音障碍、嗓音障碍、听力语言障碍、共济失调性构音困难等多种语言障碍。若基于语言学的独立范畴，可将语言障碍分为音韵能力障碍、语义能力障碍、句法能力障碍等。

（一）音韵能力障碍

自闭症儿童的语音较为清晰，但语音发展较正常儿童迟缓，语音错误与正常儿童和弱智儿童类似，错误类型和犯错频率与正常儿童相比无明显差异，但他们存在构音障碍、声调障碍、停顿异常等语音障碍。他们的语音会出现替代、遗漏、省略、添加等现象，如用"c"代替"zh"，"fei ji"念成"fe ji"或"fei"或"fei jie"等。对于汉语自闭症儿童而言，汉语声调中的三声最为困难，其次是二声和四声，如在"爸爸，我想吃苹果"这句话中他们会用一声代替所有声调；会出现诸如"我叫曾芳兰"停顿为"我（停顿）叫曾芳兰"等停顿异常的语音障碍。

相对于正常儿童而言，自闭症儿童更易犯重音错误，他们常把重音放在不该强调的词语上。PHAN THI TRA MY指出自闭症儿童的语言障碍在语音方面还表现为语言节奏机械，无法根据情境的不同使用不同的语言音量，有时会突然间发出高调或尖叫，突然间发出悲哀或悲鸣声。

（二）语义能力障碍

自闭症儿童的语义能力障碍表现为难以对语言概念进行高度的信息处理，对语义概念难以灵活运用。

相对于正常儿童的词汇习得模式而言，自闭症儿童的词汇习得模式恰好与正常儿童相反，他们理解词语的能力相对滞后，对词义的理解存在困难，因而，重新提取词义时存在障碍。例如，他们不使用"知道""想""记得""假装"等表示心理状态的词语，还不能较好地使用诸如代词、社会以及情感等方面的词汇。这表明自闭症儿童在掌握某些类型的词汇时存在障碍，无法了解交流对象的谈话内容，表现出范围狭窄的、无法与情境相协调的使用方式。

自闭症儿童习得的词汇在词性上与唐氏综合征儿童相比不存在显著性差异，他们也能掌握形容词、名词、动词等词性，甚至有些自闭症儿童在词汇量方面还有超常的表现，如能在较短的时间内记忆整部词典。不过自闭症儿童虽有形成概念和理解意义的能力，但在上位概念和时态概念这两方面存在显著异常。他们在语义上存在的这些障碍会直接影响他们对句子和语篇的理解。

（三）句法能力障碍

自闭症患者不了解会话规则因而无法与他人进行有效交流，无法理解自己和他人的区别，无法根据会话原则进行有效的会话。李晓燕、周兢认为，自闭症儿童的语言障碍主要表现在语用能力的障碍上，语用能力的障碍主要为语言交流行为（communicative act）、会话技能（conversation skill）和语篇能力（discourse competence）这三个方面的障碍。

1. 言语交流行为

自闭症儿童存在着言语行动类型习得和使用的困难。对正常儿童的言语交流行为研究的是他们如何通过不同的语言形式来表达相同的语言需求，从而使自己的语言具有更清晰的交流倾向。自闭症儿童缺乏社会性言语行为，他们虽然也能像正常儿童一样运用语言提出自己的要求，却极少使用某一类或某几类指向人的一些社会指向性言语行为类型，例如评论、展示、感谢听者、要求信息等。他们极少评论正在进行或过去进行的行为，使用的语言不提供新的信息，不倾向于表达自己的意图。他们无法参与就某一话题进行的讨论，在语言发展过程中，同他人交流的欲望逐渐降低乃至消失，社会交流意图出现倒退的现象。

自闭症儿童的语言被动性很强，他们往往是在大人的反复督促下（或问话时）才说话，即使有简单的语言能力，也不主动用语言表达自己的想法。例如，自闭症儿童会通过拉着成人的手来实现成人帮助自己拿某种东西的愿望，但他们的注意力集中在该客观事物上，缺乏维持交流的意图。

2. 会话技能

自闭症儿童同正常儿童一样，也能在会话中产生话轮转换，但他们在会话过程中会出现不回应或不恰当回应的现象，如缄默、尖叫、哭闹等。此外，自闭症儿童发起话题的能力也较弱，他们极少主动与同龄儿童搭话，基本上只有在其他儿童主动搭话时才能产生勉强的会话，但他们的答非所问常常违背了"数量准则""质量准则""关联准则""方式准则"等原则，因而难以维持正常会话过程。

3. 语篇能力

自闭症儿童的情境叙事能力不足，对交流对象和情境的敏感性较正常儿童低，更易出现违背语用的情况，说话常常含糊其词，说大量无关的话，使听者理解起来十分费力。

自闭症儿童的语言接受能力和正常儿童相比无明显差异，但他们在核心语言（core language）、表达性语言（expressive language）、语言内容和语言记忆方面存在明显不足。鉴定自闭症儿童的语言缺陷不仅需要语义知识，还需诸如语言记忆和语言内容等方面的知识。因此，自闭症儿童的语言教育需要综合考虑各方面的因素。此外，语言是一种复杂的适应系统，即说话者现在的言语行为会受到过去言语行为的影响，而现在和过去的言语行为又会影响其将来的言语行为；语言受到说话者的经验、社交和认知行为的相互影响。但目前对自闭症儿童的语言障碍的研究大多关注其语言障碍表现出的特征，对语言障碍产生的原因的分析还不够深入，建议未来对自闭症儿童语言障碍的产生机制的研究还可以考虑语言范畴间的相互影响以及认知、社会经验等的综合影响。

目前国内关于自闭症儿童语言障碍的研究大都偏重于从独立的语言范畴研究，对语义和语用障碍的研究文献相对较多，但对于语音和语法障碍的研究文献相对较少，建议未来研究的侧重面可偏向于语音和语法障碍领域。

国外对自闭症儿童语言障碍的研究较国内成熟，国内相关人员对自闭症儿童语言障碍的重视程度仍不高。汉语与英语属于不同的语言谱系，因而语言特征也不尽相同，国外对自闭症儿童语言障碍的相关研究是否适用于国内还值得商榷。

此外，可以促进多种研究方法以及跨学科的研究，将自闭症儿童的语言障碍与认知神经科学、心理语言学、脑科学等学科结合起来，采用诸如眼动、ERP、EEG、fMRI 等的相关技术，将理论与实践相结合，充分地发挥各自的优势并为其服务。

第三节　奥尔夫音乐与自闭症儿童语言发展

奥尔夫音乐是世界影响最广泛的三大音乐教育体系之一，因它的教学特点具有元素性、即兴性、综合性、参与性和多元性，被称为"整体性艺术"。很多自闭症谱系障碍儿童对声音、光线和触碰都特别敏感，他们对音乐的感知能力接近于正常儿童，因此可以尝试用音乐唤醒儿童的心灵，打开他们的精神世界，改善他们的行为问题，从而带动其语言的发展，理解沟通交流的意义和作用。

苏联著名教育实践家和教育理论家苏霍姆林斯基曾提出："音乐是思维能力的源泉，没有音乐教育，就不可能有合乎要求的智力的发展。"音乐是日常生活中重要的组成部分，对自闭症儿童而言更是如此。据残联统计，有近30%的孤独症儿童智商正常或超过正常，只是他们都有广泛的互动影响障碍和沟通技能的损伤，也就是存在语言障碍，如果干预得当，能使他们尽快地融入社会；一些智力低于正常的儿童，经过正确合理的干预治疗，各方面也会有不同程度的提高。随着自闭症儿童数量的不断增加、社会各界的广泛普及和关注，这样具有严重发展障碍的孩子越来越受到社会的接纳和包容。笔者近两年通过机构和儿童医院接触到一些自闭症儿童，这些儿童的能力各不相同，笔者找了三个能力为非典型中功能的自闭症儿童，通过与其家长的接触和沟通，无偿为这三个家庭的孩子每周进行一次奥尔夫课程的干预教学，结果发现奥尔夫音乐教学可以有效改善自闭症儿童的很多问题，如行为、注意力和关注力、情绪、语言理解与沟通等，但是语言理解与沟通能力是最为明显的，所以笔者尝试利用奥尔夫音乐教学，对自闭症儿童的语言理解能力的提升，进行有针对性的研究。

一、利用声势教学改善自闭症儿童注意力，达到与人交流的愿望

多数自闭症儿童都对音乐有着特别的爱好，所以音乐对他们有干预和治疗的作用。奥尔夫音乐中声势教学主要是运用拍手、拍腿、跺脚、捻指这几个基本动作不断加以变化，自闭症儿童肢体动作不太协调，但是这几个基础性的动作他们是能够胜任的，他们对于不太精熟的项目很难进行尝试，因为具备了这几个动作的前备技能，所以他们在学习时与教师的互动和沟通会顺畅很多，不会受到情绪的干扰和控制，这也是笔者为何在进行教学中首先把声势放在开始环节的重要原因。在进行声势教学时，手势的变换动作要比教授普通儿童慢，教室里还需要配备其他教师对儿童适时加以辅助。当儿童眼神和动作跟随教师的时候，教师马上要给予强化，增强儿童的自信。从简单的手势动作逐步加大难度，由最初的单声部的节奏过渡到二声部甚至三声部，教学方法由单声部模仿到卡农再到和声以此来提高自闭症儿童对人的关注力、指令接收能力、模仿能力等。自闭症儿童的关注点和普通儿童有很明显的区别，他们更多地关注物而并非人，所以在与人进行沟通时存在明显的障碍，如果把他们的关注点进行转移同时提高注意力，他们就会有明显的对人交流的愿望。

二、运用动作律动教学，促进自闭症儿童语言的发展

奥尔夫的动作律动教学主要是采用儿童之间的互动方式。自闭症儿童都存在不同程度的感统失调，对于触觉非常敏感的儿童，与人接触时他们是比较抵触和排斥的，我们可以借由这种方式使他们这种行为进行脱敏，在音乐中可先加入握手、碰肩、互相拍手等小范围的触碰，适应以后加入互换朋友、互相拥抱、贴脸等亲密性动作，在音乐律动中穿插指令教学，例如向前、向后、向左移动等方位名词，旋转、蹲下、跳跃、抛、扔、拿等动作动词，挽手、搭肩、踮脚等与身体部位相对应的名词。把美术揉入音乐教学中让儿童在音乐活动中泛化所学的语言技能，经过长时间的音乐干预治疗，自闭症儿童听觉和对指令的理解有显著提高，主动性语言在这样的刺激下得到进一步发展。

三、改变原有歌词，增强自闭症儿童语言的理解能力

奥尔夫比较注重即兴创编，这也是奥尔夫音乐教学最核心、最能让自闭症儿童逻辑思维能力发展的重要环节，所以笔者在教学时对这部分的选择较多，也更能发掘孩子们的潜能。在教学时，笔者一般会将比较熟悉的旋律改变歌词对儿童进行教学，因为很多儿歌歌词中比喻和想象的语言较多，对于自闭症儿童而言这些词语生涩难懂，虽然他们中有很多人记忆力高于常人，但是不理解歌词就无法锻炼他们语言的表达，也无法在这种比较自然的情境下进行语言的泛化，所以改编歌词是教师首先要做的事情。例如，把歌曲《小星星》的歌词改成："一群一群小鸭子，每天到处捉虫子，左边走走蹲下去，右边走走趴下去，一群一群小鸭子，每天到处捉虫子。"这样的语言他们都能理解，也更贴近生活，教学中可让儿童即兴创编，以丰富儿童的语言，在游戏中帮助他们建立规则意识，增强他们的语言理解能力。

四、加入乐器演奏，帮助自闭症儿童理解非语言沟通的形式

奥尔夫乐器的演奏和使用是具有独特性的，主要有固定音高和无固定音高两种。乐器的演奏是加强儿童节奏韵律感的有效途径之一，反复用乐器敲打单位拍，可使他们建立恒拍的概念，提高对音乐的表现力，这样的击拍方式也是他们乐于参与的。自闭症儿童对非语言沟通的理解存在障碍，他们不明白普通人的眼神、肢体、动作所表达的意图，笔者在教学时注意引导儿童用乐器进行单位拍的击拍，熟练之后，用眼神和手势告诉他们该谁进入下一个乐段的演奏了。在这一环节中，自闭症儿童眼睛必须要时刻盯着教师，否则可能错过教师的非语言指令，这也在无意识中提高了他们的注意力。在课下，教师要搜集自然

环境中人们所用到的一切非语言指令，并把它们加入教学，多次练习后他们对眼神、肢体和动作的指令变得不再陌生，他们的非语言理解能力也会有一个"大跃进"。

　　总而言之，利用奥尔夫音乐有效教学可以促进自闭症儿童语言能力的发展，使他们打开与人交流的愿望之门。

第四节　乔姆斯基与自闭症儿童语言障碍

　　语言障碍是自闭症最重要的并发表现，与社交障碍和沟通障碍紧密相关。在语言获得问题上，乔姆斯基认为，儿童之所以能够在短暂的时间内以近乎统一的方式习得各自的母语，是因为人一生下来大脑中就具备被称为"普遍语法"的初始状态，而这普遍语法则是"人性"的一个核心要素；因具有强大的解释力，该理论自然成为语言心理学领域的主流理论。尽管没有将自闭症儿童的语言发展作为研究对象，但普遍语法理论认为，人即便因语言模块遭受损伤不会说话，与动物还是有着本质的不同，一个自然的推论即自闭症儿童不能被当作异于人类的"他者"被排除。虽然与乔姆斯基不同，福柯不承认存在普遍的人性，但其对于疯癫史的考古学发掘告诉我们，自闭症在某种程度上是权力话语建构的结果，自闭症儿童不应该作为异于常人的"他者"被排除。虽然角度不同，但两位思想家的理论分别以间接或直接的方式主张自闭症儿童应该享有与正常儿童一样的生存与发展权利。

　　人的心理活动离不开语言，因此语言的获得、使用及保持等问题自然构成了心理学研究的一项重要内容。20世纪三四十年代开始，一些心理学家和语言学家就认识到需要加强两个学科之间的合作，以应对各自无法解决的问题，其结果是：以乔姆斯基为代表的语言学家在与心理学家的互动中，发动了语言学领域的一场革命，提出了影响深远的生成语言学理论，使语言学研究从收集并分析语言数据转向关注语言获得及使用的心理及神经基础之上，与此同时，心理学家也在与语言学家的合作中，完成了从行为主义到认知主义的转向。语言心理学（psychology of language）或心理语言学（psycholinguistics）作为一个学科分支的发展与壮大则是二者跨学科融合的一个力证。在语言学与心理学的研究中，儿童如何获得语言是一个核心课题，乔姆斯基正是从这一问题出发，通过对以斯金纳为代表的行为主义的批判来构建其著名的生成语言学理论的。

　　自闭症儿童人数近年来呈现猛烈增长的势头，所以，语言心理学研究不应该忽略这一人数愈发庞大的群体。相较于乔姆斯基，法国学者福柯一直将被主流学术话语忽略的边缘性人群（如精神病患者、同性恋以及罪犯等）作为自己的理论对象，为我们思考自闭症儿童的语言发展障碍问题提供了一个特别的视角。可以说，乔姆斯基关注的是人与动物之间的差异，而福柯则更为关注自闭症儿童与正常儿童之间的异同，因此两位学者的理论在某种程度上形成了一个连续体，二者互为补充，为我们认识自闭症儿童语言发展问题提供了更为广阔的视角与空间。

一、自闭症儿童的语言发展特征

由于语言障碍是自闭症最为重要的并发表现，大多数父母正是因为自己的孩子语言发展严重迟缓或异常才开始关注孩子的发展问题的，所以描述自闭症儿童语言特征并探求自闭症儿童语言障碍的心理机制自然成了自闭症研究领域的重要课题。按照语言指标，可以将自闭症儿童分为两个大的类别：一类为有语言产出的自闭症儿童（verbal children with autism），另一类为无语言产出的自闭症儿童（nonverbal children with autism）。大多数自闭症儿童在不同程度上具有语言产出，没有语言产出的大概不足 20%。

在发音方面，有语言产出的自闭症儿童一般能够像正常儿童那样发出需要习得的语言的语音，但 Shriberg 等人的研究发现，自闭症儿童大约有 1/3 的人在发 /l/、/r/ 以及 /s/ 等语音时容易犯错误，而正常人群大概只有 1/100 的人在发这几个语音时存在困难；另外，相对于正常儿童，自闭症儿童在用以表达交际意图的韵律特征上（例如语用重音）存在明显缺陷，但在表示语法功能的韵律特征上差别不大。从总的趋势来看，自闭症儿童的语音习得模式跟正常发展儿童差别不大，发展模式基本相似，例如，某个音位（phoneme）在语言中出现的频率越低，犯错的概率越高。在词语习得方面，根据 Tager-Flusberg 等人的研究，自闭症儿童跟正常儿童一样能够使用以及理解属于同一范畴的词语，例如，他们也能够识别"鸟""船""食物"等都属于事物名称语义范畴，但与此同时表现出一些自身的特点。首先，自闭症儿童几乎不使用"知道""想""记得"等表示心理状态的词语。其次，自闭症儿童常常自己创制新词，例如，用 commendment 来表达 commend（表扬）之意，用 cuts and bluesers 表达 cuts and bruises（割破以及擦伤）之意。另外，自闭症儿童经常表现出"掉书袋"的倾向，即喜欢使用生僻的书面词汇。在句法方面，Tager-Flusberg 等人研究发现，自闭症儿童跟正常发展儿童的发展路径十分相似——在平均句长方面表现出类似的增长曲线，但在句法结构丰富性上，与正常发展儿童相比，他们的确存在明显差距。在形态特征方面，英语自闭症儿童在动词时态的变化上表现出很大困难，例如，在本该说 He walks 或 He walked 的时候，都无一例外地使用没有形态变化的形式 He walk；汉语自闭症儿童也表现出类似的缺陷，例如，对于动词后面表示体态的"了""着"以及"过"等语素，他们在理解与使用上都存在巨大的困难。

二、乔姆斯基理论视域下的自闭症儿童

对于人之所以为人这一问题，虽然不同学科从各自的视角会有不同的认识，但无论是非洲丛林里的部落成员还是关注人性的哲学家，谁都无法否认具有语言、会说话是人的一个重要本质属性。例如，在非洲某些部落里，新生儿被称为 kuntu（东西），只有在新生儿逐渐长大、开口说话之后才被称为 muntu（人）。20 世纪著名德国哲学家恩斯特·卡西尔则认为，与其说人是理性的动物，不如说人是符号的动物，由于语言是最为重要的符号形式，因此，"语言常常被看成是等同于理性的，甚或就等同于理性的源泉"。

在语言心理学领域，旗帜鲜明地将语言视为人性的核心特征的当首推乔姆斯基，他不仅认为语言是"将人与其他动物区别开来的最基本的能力"，更为重要的是他以此为出发点来构建自己的生成语言学理论。也就是说，将语言看成是人区别于动物的本质属性并认为任何人（不分种族、民族、职业、年龄、性别等）都具有同样的底层语言能力，即被乔姆斯基称作专属人类的普遍语法（universal grammar，UG）。不过需要指出的是，这里的语法在乔姆斯基语言心理学理论中具有特定的内涵。从生物学视角来看，普遍语法指的是人脑语言模块的初始状态，即新生儿大脑所具有的那种状态，随着新生儿的生长发育，他逐渐习得自己的母语，这种初始状态会发展成一种稳定的成熟状态，该状态会因所习得语言的不同而表现出一定的参数差异。从语言研究角度来看，这是人类由于基因遗传决定的，新生儿的大脑所具有的这种状态使其具备了成功习得母语的可能，并且当其达到成熟的稳定状态之后，儿童就能够说出合乎其所在社团语言规范的句子。在生成语言学中，这种初始状态以及其后的稳定状态都被称为语法。不同的是，初始状态对于所有人而言都是相同的，从而被称为普遍语法；而成熟的稳定状态会因习得的具体语言而表现出一定的差异，从而被称为特殊语法（particular grammar，PG），或者简称语法。用乔姆斯基的话来说，"成熟的稳定状态将母语为日语的说话者与母语为英语的说话者区别开来，而初始状态则是将人与石头、鸟儿或者黑猩猩区别开来"。由于说话者大脑具有了特定的状态，或者说具有了特定的语法，他就具有了使用某种语言的能力或者说拥有了关于该语言的知识，所以在生成语言学文献中，上述意义的语法也被称为语言能力（competence）或者语言知识（knowledge）。也就是说，在乔姆斯基生成语言学理论中，"语法""语言知识"以及"语言能力"具有相同的所指。在生成语言学看来，人类语言最为核心的特征或者说语法最为本质的属性从根本上来说，就是在人类大脑中所存在的一套有限程序（finitely-specified procedure），这套程序可以生成数量上无限的离散表达式，并且这些表达式具有内部层级结构。由此可见，语法具有这样一个显著的数学特征——其作用相当于一个特殊的函数，

该函数可以将一个有限集合投射成一个无限集合。对于一个习得了某个语言的母语者而言（即他大脑中的语言模块已经发展为稳定状态），语法的作用就是将其心理词库（一个有限集合）投射到一个无限句子的集合，因为一个人能够说出的句子数量在理论上是无限的。对于一个拥有初始状态即普遍语法的牙牙学语的婴儿来说，普遍语法也发挥了同样的函数功能，所不同的是，作为函数的普遍语法是将学语的婴儿所接触到的有限的语言输入集合，投射成一个有限的语法集合，即所有人类语言的语法集合，从目前来看，这个集合的成员是有限的。考虑到一个人的生命是有限的，所以每一个说话者实际说出的话语应该是一个有限集合。但需要注意的是，生成语言学所关注的是语法的生成能力，是一种数学上的可能性，这种可能性如果用逻辑学的术语来理解，就可以看成是内涵性的（intensional），而不是外延性的（extensional）。也正因为这个原因，乔姆斯基在文献中又将上述语法、语言知识以及语言能力称为 I- 语言（I-language）。当然，这里的字母"I"除了包含 intensional 这个层面以外，还包含了生成语言学特有语言观的另外两个方面，即语言是说话者个体大脑中语言器官的一种状态，从而是"个人的"（individual）以及"内部的"（internal）。乔姆斯基的上述语言观，与将语言看成是社会的以及实际上说出来的话（或写出来的书面语篇）这种语言观，形成了鲜明的对比。也正是这个原因，乔姆斯基语言学从根本上来说是一种心理学理论。

尽管乔姆斯基上述理论是基于正常儿童语言习得的事实提出的，包括自闭症儿童在内的特殊儿童语言发展问题没有得到其系统的关注，但在乔姆斯基本人的著作中，我们还是能够发现他对于先天以及后天遭受严重语言损伤人群的语言发展以及使用问题进行过一些有益的思考。20 世纪 70 年代，一些心理学家在研究中发现，如果给失语症病人以充分的训练，他们就能够很好地使用视觉符号来进行交际，用这套符号系统来训练大猩猩时，也能够取得非常好的效果，由此他们认为，无论是先天还是后天遭受严重语言损伤的人，在交际行为的习得上与高等猿类具有十分相似的特征。乔姆斯基针对这种模糊人类与动物之间界限的观点进行了旗帜鲜明的批判，他认为这种观点与以下这种荒唐的说法一样不值一驳：当鸟儿的翅膀被剪掉，它就只能跟人一样，只能笨拙地"扑腾"几下，那么飞行能力遭受损伤的鸟儿跟人类在飞行方面就没有什么区别了。由此可以看出，乔姆斯基认为包括自闭症儿童在内的具有语言障碍的人群，尽管不能像正常人一样习得或者使用语言，但是他们跟动物之间仍然存在本质的差别，因为作为普遍主义者（universalist）的乔姆斯基相信"每个人跟其他人一样拥有天赋的思想和天赋的结构，有协调自己生活的潜力，因而有能力过上正直的、有创造力的生活"。实际上，从以上对于自闭症儿童的语言发展特征的描述来看，自闭症儿童在先天语言能力以及语言发展上与正常儿童之间似乎没有本质性的差别，这也印证了乔姆斯基观点的合理性。自闭症儿童之所以存在语言障碍，从目前的研究发现来看，主要在于其社会交往以及语用能力，因此，从社会而非生理或者生物的角度来看待自闭症儿童，对其进行有效的语言干预以及教育培训，似乎是当前应该努力的一个重要方向。

三、福柯与乔姆斯基的鲜明对比

尽管乔姆斯基在主观上承认了自闭症儿童与正常儿童一样，具有人类天赋的普遍"人性"，但不可否认的是，乔姆斯基是一个理性主义者，他的理论从根本上讲，还是属于逻辑实证主义的传统——追求科学、理论以及理论的可证伪性，因此，他在客观上不自觉地强化了语言心理学研究中的二元对立，在讨论儿童语言习得问题时，把儿童分为正常的和特殊的，并仅仅将正常儿童作为他的主要研究对象。在有关人性以及自闭症儿童与正常儿童的二元划分上，福柯的话语理论与乔姆斯基的普遍语法理论形成了鲜明的对比，为我们超越纯粹的生物视角看待自闭症儿童语言发展问题提供了强大的理论支持。

首先，在是否存在普遍人性问题上，福柯与乔姆斯基之间存在很大的分歧。如上所述，乔姆斯基认为，存在一种普遍的人性，他始终坚信这一点是至关重要的，因为如果不存在一种相对确定的人性，那么对人进行真正科学的理解就不可能。基于对儿童习得母语的观察，乔姆斯基提出了以下这个问题：在一些不全面、碎片化的经验基础之上，每个文化中的个体如何不仅能够学会自己的语言而且能够创造性地使用所习得的语言？在他看来，这个问题只存在一个可能的答案——在人们的心智背后存在着一个生物—物质结构，正是这一结构使得我们（不论是作为个体还是作为种群）能够从各自多种多样的个体经验中推导出一个统一的语言。乔姆斯基坚持认为，必定存在一套图式、先天的原则，"这种图式、天赋组合原则的聚合，这庞大的体系指导着我们的社会行为、智力行为以及个体行为，这就是我所说的人性的概念"。可以说，乔姆斯基的学术研究主要目的就是努力揭示这些图式和原则，他的目标就是提出一个可检验的数学理论来描写及解释心智，并且他继承的传统是笛卡尔理性主义。

然而，福柯不赞成乔姆斯基关于人性和科学的观点。在方法论问题上，福柯一如既往地回避抽象的问题——人性是否存在。取而代之的是，他提出在我们的社会中人性的概念如何发挥其作用。福柯以 18 世纪的生命科学为例，将某一特定历史时期的特定学科之内实际存在的可操作的范畴与那些宽泛的标签（label）如"生命""人性"清楚地区分开来。在他看来，这些宽泛的标签对于一个学科的内部变化不怎么重要。他认为，语言学家不是通过研究人性而发现辅音变化规律的，弗洛伊德也不是通过研究人性而发现睡梦原则的，文化人类学家同样也不是通过研究人性而发现神话结构的。在知识史上，人性这个概念对于他而言,只能起到指称那些关涉或者反对神学或者生物学或者历史学的话语类型的作用。因此,人性这个概念很难被看作科学的概念。福柯对普遍真理的断言持高度怀疑的态度,他虽然没有对其进行正面反驳,但坚持将这些宏大的抽象概念置于特定的历史语境来理解。在乔姆斯基与福柯的电视辩论中,虽然福柯对于是否存在人性这一点没有明确表达自己的观点,实际上却把主题转换到人性这个概念的社会功能上去,讨论人性在诸如经济学、技术、政治以及社会学等社会实践语境中发挥的作用。

其次,福柯认为,所谓的科学理论知识其实是一种权力规训的结果,是一种权力话语,其真理性高度依赖于具体的社会历史语境。因此按照福柯的理论,乔姆斯基所主张的以普遍语法为核心的普遍人性论也只是话语建构的结果。福柯对于抽象的普遍人性进行质疑的观点集中体现在他对于社会边缘人物——疯子、罪犯以及同性恋等的关注。福柯正是在对这些人群在人类思想史中地位变迁的讨论当中,来思考人的存在、人与世界的关系以及自我与他者的关系等问题,试图跳出困扰西方哲学始终陷于"我在"与"我思"二元对立的"轮回颠倒",把科学知识看成话语实践的过程与产品,用考古学的眼光来分析这些话语实践,从而有力地推动当代西方哲学的发展。由于受过心理学的专业训练,福柯的学术生涯从关注精神病问题入手,并且以《疯癫与文明》作为论文获得博士学位。这部著作的主要核心思想就是,疯狂并非我们现在所认为的一种精神疾病,而是各种各样的因时而异的意义。例如,在中世纪,人们认为疯狂是因某种天气而形成的,从而疯子被视为特殊的获救者,具有常人所不及的智慧与语言能力。在古典的理性时代,由于认为理性即人性,从而疯狂具备了不同的意义——疯狂被视为理性的对立面,人们因此对疯子产生恐惧并试图隔离或放逐他们。在欧洲,一度借用控制瘟疫的麻风病所来关押隔离大批疯子,或者把他们当作野兽般的怪物驱赶或示众。到了18世纪末,人们对疯狂的认知发生了现代意义上的转型,疯狂开始被视为一种心理疾病,从而诞生了精神病院,精神病医生从此被赋予鉴定与治疗疯子的特权,他们也自以为拥有裁判疯人语言意义的能力。由此可见,同样是疯子,在不同时代被分别视为"拥有神启的特殊获救者""具有兽性的他者"以及"需要治疗的病人"。这种认知上的转变,在福柯看来,不是人们对"疯人"的知识加深了、完善了,"而是由知识以外的因素决定的,是社会组织、制度的因素决定的"。福柯对于精神病认知史的考古学式发掘揭示了这样一个事实——精神病的历史并不是理性引导下、病理分析从蒙昧到明晰的连续进步史,而是更为复杂的断裂流变史,病理学的精神病并不是一种自然现象,而是权力话语实践的结果,是人为的产物。在现代,精神病之所以被看成是一种可以治疗的疾病,与罪犯被看成是可以改造的对象是一致的,因为现代资本主义的发展需要大量的劳动力,在生产性权力制度中,重视身体的经济价值,致使各种规训用"温和—生产—利润"原则取代了支配权力经济学的"征用—暴力"原则。

实际上,人们对于自闭症的认识大体符合福柯对于疯癫的考古学式考察。首先,人们对于自闭症的认识与福柯对于疯癫的考察表现出类似的历史流变。一开始，自闭症被认为是一种精神分裂症，因而大量儿童被作为异于常人的他者被排除。虽然当下人们对自闭症的认知已经发生了改变，认为自闭症是一种可以矫正的发展障碍，但这种排除性对待的后果却一直存在："尽管已经是一个可以诊断的病症，但是自闭症在公众心目中还不具有真实的存在；很多自闭症儿童仍然被贴上'精神病'的标签或者仍在遭受'儿童精神分裂症'的诋毁，在英国，自闭症儿童在教育权益方面一开始根本没有保障。"其次，我们越来越清楚地认识到"自闭症（更准确地说自闭症这个概念）从根本上来说，是社会构建的"，因为从某种意义上说，自闭症儿童的诊断条件与其说取决于其生物条件，还不如说取决于其所处时代的经济与文化实际。例如，19世纪用以识别障碍行为的标准相当粗略，而作为评价正常行为的标准则相当宽泛。另外，19世纪之前儿童不会被强制接受任何形式的"发展"或者心理检查，除非他们的状况相当严重，并且他们的父母经济条件要相当好，因此，只有富裕家庭才有能力知道儿童患有精神疾病。再次，自闭症这个概念是话语实践的结果。按照福柯的观点，我们对于人以及外部世界的认知其本身是话语实践，我们的科学知识不仅由话语来表征，而且是话语实践的产品。由此来看，诸如《美国精神病诊断分类统计手册》（以下简称《手册》）这样的自闭症诊断手册就是一个处于特定社会实践以及制度矩阵中的话语，该话语的传播与流变对自闭症儿童的存在产生直接的影响。Liu, King & Bearman通过七次调查发现，自闭症的诊断率在2000年到2005年猛增16%的主要原因是自闭症信息的有效传播，生活在已经确诊的自闭症儿童附近的儿童相对于其他儿童而言，诊断为自闭症的可能性大大提高，以至于在美国，每88个孩子中就有一个孩子被诊断为自闭症。此外，很多研究者认为1980年后《手册》所代表的诊断标准不断修订是自闭症患病率大幅升高的另外一个重要因素。

由于自闭症儿童的一个突出特征是语言交流具有明显的障碍，因此，语言习得与运用问题自然是自闭症儿童发展研究重点关注的课题。在儿童语言习得问题上，乔姆斯基的生成语言学理论具有很强的解释力，但其理论是基于正常发展儿童而建立的，因此将自闭症儿童放入其理论框架中进行检视非常必要：一方面，可以获得一个参照体系，用以深入认识与理解自闭症儿童语言发展特征；另一方面，可以考察该理论是否具备其所欲求的充分性。虽然乔姆斯基没有将自闭症儿童的语言发展作为其直接考察对象，但其普遍语法理论认为，人即便因语言模块损伤不会说话，与动物之间仍有着本质的不同，从而一个自然的推论就是自闭症儿童仍然具备人类独有的人性。由于乔姆斯基的普遍人性是从生物学角度来构建的，因此他实际上只是反对从生物学角度将自闭症儿童作为异于常人的"他者"而排除。与乔姆斯基相对，福柯将包含自闭症儿童在内的大量社会边缘人群作为自己直接的理论对象，更为重要的是，他还从历史、社会以及文化的视角来考察人类对于这些"他者"的理论认知。福柯的理论告诉我们，我们对于自闭症儿童等人群的认知并不是我们想象的那样，是纯粹理性的结果，实质其上只是受制于社会、经济以及权力矩阵中话语实践的结果。不同时代的认知相互之间具有一定的断裂性，并没有表现出一般所认为的那种进步性与连续性。迷信于人类理性的一个负面的后果就是按照"排除原则"将人类自身进行整理、归类，从而将包括自闭症儿童在内的所谓边缘性人群作为社会性"他者"而排除。福柯甚至在其著作《疯癫与文明》一开篇，就引用帕斯卡以及陀思妥耶夫斯基的话来对人类的这种自负提出警告。这两段警世引语分别是："人类必然会疯癫到这种地步，即不疯癫也只是一种形式的疯癫。""人们不能用禁闭自己的邻人来确认自己神志健全"。乔姆斯基与福柯虽然在有关"人性"问题上存在一定的分歧，但他们之间的差异只是看问题的角度不同。在自闭症儿童问题上，一方面，他们的观点是一致的——都反对将自闭症儿童作为异于常人的"他者"而排除；另一方面，二人对于我们的启示却有所不同：乔姆斯基坚持认为自闭症儿童与正常儿童具备同一的人性，要求我们承认与保障自闭症儿童应有的生存与发展权利；福柯的理论则提醒我们，在对自闭症儿童进行各类诊疗及干预时，一定不要过于"自负"，要对基于理性的话语霸权所具有的排斥性功能保持警惕，从而确保自闭症儿童能够得到自闭症研究之父里奥·卡纳所提出的三个 A——affection（爱）、acceptance（接纳）以及 approval（肯定），因为在卡纳看来，"如果一个儿童拥有这些，不管他的智力水平或者其他方面如何，他都会是正常的"。

第五节 自闭症儿童语言干预的内容

沟通障碍是自闭症儿童的典型缺陷之一，而语言是沟通的重要工具，因此，自闭症儿童语言干预一直以来都是人们探讨的重点。语言干预的核心内容除了生理的肌能干预、心理的模仿与理解刺激外，还包括来自家庭的支持环境。在此基础上，还应从评估的多元化做起，使评估严守信度和效度，并把握肌能干预的关键期，与此同时，要重视家长的积极参与和坚持对语言干预成效的影响。

一、语言发展的要素

学习语言的个体要具备理解语义、语音、语法规则的能力，即心理能力，具体而言，包括思维、理解、想象、记忆等不同的认知水平。然而具备了心理能力还不足以表现言语，即能够讲话，因为生理发展也是影响语言能力的必要因素之一。所以，那些虽然有良好的智力水平、理解能力的儿童却不能很好地发音、讲话、与人交流，关键在于其生理机能的发展迟缓影响了其语言表达能力。当包括口肌、舌、颚、气管、肺等与发音有关的一系列器官和机能成熟以后，儿童就具备了基本的发音和讲话能力，并且能够较自由地表达个人思想，就是有了言语（即"说话"）。在过去的实践研究中，大多数的研究者都将目光集中在以上两个方面，却忽视了社会因素的作用，因为语言运用能力的提升必须以社会环境作为背景，所以那些缺少社会环境的学习者对于语言的学习效果也不那么令人满意。

因此，语言的学习与掌握依赖于心理因素、生理因素、社会因素，为了提高语言训练效果，必须加强评估（心理）、强化肌能训练（生理）、创造语言环境（社会因素）。

二、语言干预的核心问题

（一）生理——加强口腔肌能干预

口腔肌能干预的主旨在于针对儿童由于舌、颚、口肌等发音障碍而采取干预措施。语言的掌握和运用依赖于口腔肌能的成熟，如果肌能未达到成熟，我们的训练就是拔苗助长。因此，应该在儿童生理发展的背景下加强自闭症儿童的口腔肌能干预训练，促使发育迟滞的肌能逐渐恢复功能。

自闭症儿童的口腔肌能干预训练包括能提高舌部柔软度、改善发音能力的舌操训练；一系列的口肌训练，如改善口腔机能、保证口腔发音力量和力度、提升口肌能力的呼吸训练；纠正儿童的错误发音或者不良发音状况，从而改善儿童的音质、提升发音能力的发音训练等。在实际的教学或训练过程中，教师可结合具体情况采取有针对性的训练内容。

通过实际调查结果表明，目前家长和教师经常采用的训练方法以仿说法、发音器官训练法、呼吸训练法为主。这说明自闭症儿童家长更加看重儿童的会话能力、表达个人需求的能力。但是要让儿童表现语言能力，就必须了解自闭症儿童的发音能力、口腔肌能等基本语言能力。语言发育迟缓儿童的语言训练与自闭症儿童的语言干预有很大的相似之处，他们的语言干预年龄都是越早效果越好，而且训练将是一个十分漫长的过程。

针对自闭症儿童的语言干预训练是必要的，口腔肌能干预训练尤为重要。在进行口腔肌能干预训练时，必须选择适当的方法，并且注意训练的游戏性和娱乐性，以提升早期干预训练效果。

（二）心理——以模仿促进理解能力的发展

语言的习得依赖于心理因素的参与。由于自闭症儿童表现为广泛性发育障碍，因此，自闭症儿童心理发展的迟滞对其语言发展也起着至关重要的制约影响。

理解能力是语言习得的必要条件之一，但是自闭症儿童与同龄儿童相比，其理解能力较为落后。关于自闭症儿童对情绪理解方面的研究显示，自闭症儿童对情绪状态与过程的理解水平明显低于 5 岁儿童。自闭症儿童早期对面部表情的注意较少，并且理解能力较弱，对各种复杂情绪的理解也存在缺陷。由此可以推断，自闭症儿童在理解能力方面存在不同程度的不足，尤其是对语言的理解存在不同程度的障碍，影响着自闭症儿童的生活和沟通。

自闭症儿童存在模仿缺陷，并且这种缺陷与其大脑的镜像神经系统紧密相关，镜像神经区域的损伤是自闭症症状——模仿缺陷的有效生物标记之一。自闭症儿童不能够习得语言的主要原因就在于自闭症儿童不能够正确模仿成人的语言和社交活动。

因此，自闭症儿童语言干预必须重视其心理的发展，而强化模仿训练无疑是促进自闭症儿童理解能力，进而改善其心理发展的有效途径。

（三）环境——来自家庭的支持

儿童能够正确地使用语言，语言表达能力，除了心理因素、生理因素外，环境因素也很重要。父母对孩子早期的语言刺激或适当的语言沟通环境对儿童的语言发展起着至关重要的作用。

家庭环境的作用主要通过家庭训练体现，而家庭训练的重点在于家长或至亲之人对儿童的早期干预和辅助干预。语言沟通环境的内涵较宽泛，既包括家庭语言环境的营造，又包括幼儿园、学校、机构、社区等不同生活环境之间的合作，因为这些都是自闭症儿童经常接触的环境，而对于自闭症儿童的语言训练是不分时间和地点的，所以这些环境也成为自闭症儿童语言训练的重要场所。例如，家长在接送儿童的路上可以经常向儿童提问并要求儿童回答。经常与儿童进行对话，能够增强儿童的语言编码能力。

三、反思与建议

本节分别从肌能干预、心理的模仿缺陷及语言环境几个角度，对自闭症儿童语言训练的内容进行了阐述。以往的研究结论为我们提供了可供参考的重要资料，对于实践工作具有指导性意义。但是，我们在实践和理论研究中也总结出一些不足，需要我们深入反思并予以改善。

（一）语言评估要严把信度与效度关

信度与效度是评估的重要指标，在使用评估工具的同时，必须考虑各种主客观环境因素的影响。例如，儿童受发展迟滞影响，心理与生理年龄不符，对于评估内容毫无反应或答非所问；受情绪波动的影响，不配合评估；评估者专业素养参差不齐，影响到评估结果及训练计划的制订；家长质疑评估结果，对结果不能信服，训练计划的制订无法得到家长的配合或满足自闭症儿童语言康复的需要，使得儿童、评估者、家长之间产生很大的矛盾，最终事倍功半，如此循环往复，家长和康复部门之间产生了分歧，既错失了康复治疗期，也浪费了大量的财力和精力。

评估的多元化是解决这一问题的途径之一。多元化是指评估内容、手段、方式、地点及评估人员的多元。评估内容的多元化，即不仅要评估儿童的生理问题，而且要评估儿童的心理能力。评估手段的多元化是指要利用实物、多媒体、图片、模型等不同手段作为辅助。评估方式的多元化是指不仅要一对一地评估，还需要一对多或者多对一地评估。评估地点的多元化是指不仅要在机构中进行评估，家庭、医院、幼儿园、学校、社区、游乐场等不同地点都可以进行评估。评估人员的多元化即评估人员必须由家长、评估者、行政人员、职业治疗师、物理治疗师、运动康复师等不同的人组成。

通过多元的综合评估、分析，可以使评估结果更加客观，解决由于评估者的专业素质、儿童情绪、儿童心理年龄等问题而导致的评估结果不可信或不科学等问题。

（二）肌能干预方式要正确且及时

自闭症儿童语言训练要以肌能干预作为基础，再向字、词、句过渡，进而引申为课业学习。只有个别极重度儿童的训练以生活自理能力为最终目标。肌能干预将决定儿童对语言掌握的水平，所以训练自闭症儿童的语言能力，关键在于训练其肌能水平。肌能干预要抓住关键期，错过其发展的关键期，语言康复的作用将减弱，康复效果也不理想。例如，一些聋童由于年龄较大，即使做了人工耳蜗手术，但是由于机能发育已经完全，因此干预过程比较艰难，干预效果也差。在实际的训练过程中，部分训练者会因为专业素养不够，对于自闭症儿童的口部肌能不能做到及时干预，进而影响训练结果的有效性，延误训练的关键期。所以，应该加强自闭症儿童的肌能干预，尤其要注重肌能干预的及时性。

（三）家长积极参与能促进干预效果

自闭症儿童的语言训练是无时无刻、随时随地都在进行的，所以，家庭的语言环境以及家长在日常生活中的干预就显得特别重要。例如，在上学、放学、逛超市、散步时，家长都可以跟孩子互动或提问，借此机会训练儿童对语言的理解和模仿能力。但是在现实生活中，由于家长工作繁忙或者疏于对儿童的干预，甚或置儿童于不顾，有的家长认为自己不会教、不知道怎么教，最终导致训练效果不彰，延长训练时间或错过训练的关键期。

家长能否为儿童营造良好的语言环境，对于语言康复效果有重要影响。除了家校合作以外，家长应该掌握基本的干预知识。通过实践，研究者发现，家长和学校的合作往往停留在理论阶段，家长常口头答应，却没有真正实践，很多家长缺乏干预的基本知识，没有信心，所以就不会采取适当的措施对儿童进行干预训练。因此，学校或康复机构应该与家长进行充分的沟通，使家长掌握必要的语言干预知识，并且积极地应用到生活中，双管齐下地开展自闭症儿童语言干预。

总而言之，语言评估、肌能干预及良好的语言环境是儿童掌握语言的必要条件，也是语言干预的核心问题。自闭症儿童的语言干预还需要多方面的关注和重视、努力与合作，也需要更专业的策略和科学的手段作为支撑，来共同推动这项工作的开展。

第三章 自闭症儿童语言训练的内容

第一节 自闭症儿童语言训练理论

语言障碍严重阻碍了自闭症儿童学习、生活以及社会交往等方面的发展，科学有效的教育训练可以有效促进其语言发展。本节重点对国内外自闭症儿童语言训练相关文献进行整理，梳理自闭症儿童语言障碍的类型及训练方法，以期为相关研究和实践提供借鉴和参考。

语言是人与人之间沟通的桥梁，是人类最重要的社交符号。但据研究统计，30%—50%的自闭症儿童缺乏基本的沟通能力，并且大部分都存在以语言交流缺陷为核心的障碍，具体表现为：交流手势和口语发展的延迟或缺失，很难开始或维持一次谈话；过多地使用模仿性词汇，或者带有特定意义却不为人知的词汇；语言发展明显滞后，38个月左右才开口说话；语言表达能力的获得难于语言接受能力；与人交流时会出现吐字不清、顺序混乱、人称混用的现象。此外，就交流目的而言，几乎所有的自闭症儿童都是以索要为目的而进行语言交流，而普通儿童则以说明问题作为语言交流的目的。

自闭症儿童由于自身原因使得语言发展受到限制，难以清晰准确地使用语言来表达自身的想法和需要，再加上与人倾诉、相处的欲望不强，导致其与人交谈时难以实现有效沟通，这就会对他们的学习、生活、社会交往产生了不良影响。基于此，本节以自闭症儿童语言训练为出发点，对国内外自闭症儿童语言障碍类型、训练方法相关内容进行梳理，以期为相关研究和实践提供借鉴。

一、语言障碍

通过对文献的整理发现，接受语言训练的自闭症儿童年龄基本为3—16岁，其语言障碍类型主要分为语言发育迟缓甚至不发育、语言形式异常、构音异常、语言理解障碍以及语用障碍五大类。

自闭症儿童的语言发展速度与普通儿童有显著差别。普通儿童对外界充满好奇，在2

岁左右便有了表达欲望并能用简单的词语说出来，虽不能说出完整的句子，但能够发出指令性的句子，3岁左右就能与人交谈，说出陈述性句子。而自闭症儿童对外界处于一种"漠视"的状态，不会主动与人进行交流互动，轻度自闭症儿童能用手势表达自己的意愿或要求，而中重度自闭症儿童在手势使用方面也存在困难。

二、训练方法与内容

自闭症儿童语言训练的方法及内容是本节分析的重点，也是本节的核心目的。通过整理与总结相关文献，可将自闭症儿童语言训练方法分为以下六种：以应用行为分析理论为指导的语言训练、以家长为中介的语言训练、以视觉优势为基础的语言训练、辅助沟通系统、音乐训练以及游戏训练法。

（一）以应用行为分析理论为指导的语言训练

应用行为分析法（Applied Behavior Analysis，ABA）是一种结构化的训练模式，需要将训练内容分解成可执行的小步骤，并采用特殊手段对每个行为单元进行训练直到儿童掌握，最后把已掌握的行为单元组合起来形成完整的行为。基于该理论，应用于自闭症儿童语言训练领域的方法主要包括回合式教学法（Discrete Trial Teaching，DTT）和关键反应训练（Pivotal Response Training，PRT）。

回合式教学法是传统行为干预中常见的模式。它采取一对一的训练模式，将训练任务分解成最小的执行单元，把最简单的元素呈现给儿童，通过特殊手段训练儿童直到掌握。在训练过程中训练师会不断使用刺激物进行强化，当儿童不能完成某一单元时，训练师需提供辅助，使之形成正确的语言。例如，潘顺英用回合式教学法对一名4岁左右的自闭症患儿进行了为期4个月的康复训练，采用儿童孤独症及相关发育障碍心理教育评定量表对个案前后情况进行评量，结果发现训练之后儿童的情绪变得平稳，能够主动与小朋友玩游戏，交往能力得到有效改善。

关键反应训练中的"关键反应"是指"关键领域"的反应，而"关键领域"指的是能够影响其他领域发展或者影响各项功能发挥作用的核心，而非具体行为。2011年美国国家自闭症中心发布报告，"关键反应训练"被证实是一种有效的自闭症实证干预训练方法，我国学者也对其疗效进行了验证，如连翔借助关键反应训练技术，对3名自闭症儿童进行长达一年的语言干预训练，通过对儿童基线期、干预期和持续期三阶段的差异性比较发现，关键反应训练可以有效地改善自闭症儿童吐字不清、含糊等问题。

相较于回合式教学法，关键反应训练的灵活性更强，训练环境也更容易吸引儿童的兴趣。回合式教学法的训练场所多为教室，训练中需要儿童一直坐在椅子上且不断重复训练步骤，形式过于刻板单一，易使儿童产生逃避、厌烦心理，训练技能也难以实现迁移。关键反应训练是在自然情景中对儿童进行训练，儿童接收到的刺激更加丰富，训练可随时随地展开，灵活性大大增加，更注重儿童的主动性，训练效果更为有效。

（二）以家长为中介的语言训练

以家长为中介的干预（Parent-Implemented Intervention）是一种以家庭为中心的干预方法，也称为家长执行干预，是指家长直接通过个别化干预实践来增加儿童积极学习机会，在改善儿童语言障碍的同时可以提高家长教养能力，针对的群体通常是具有特殊需要的儿童及其家长。有研究表明，家长执行干预比临床治疗效果更好，更有利于自闭症儿童语言干预效果的泛化与维持。自闭症儿童的语言康复训练是一个漫长的过程，在这个过程中除了训练师运用自己所掌握的技术对儿童进行语训外，更需要家长的积极配合。

目前，很多自闭症康复机构或特殊学校虽然有丰富的教学资源和专业的训练师，但由于儿童只在训练课时才能接受训练师的个训，回到家中训练的内容得不到复习、巩固和强化，因此训练效果并不理想，造成事倍功半的现象。Sameroff 等人的研究也表明，儿童的发展是儿童自身与提供其经验的家庭和社会情境不断交流的结果。因此，家长在儿童语言训练过程中的作用是不可替代的。

（三）以视觉优势为基础的语言训练

自闭症儿童常被称为"视觉思维者"或"视觉思考者"，很多研究者常利用自闭症儿童的这一优势对儿童进行语言训练。例如，王秀琴通过调动自闭症儿童的视觉记忆，对一名 8 岁自闭症儿童进行唇舌训练和气息训练，采用多种的视觉提示和即时的强化，帮助其理解和参与训练活动，经过 20 次一对一的语言训练课程，该自闭症儿童取得突破性进展，学会了"用吸管吹"的动作。曹漱芹和方俊明总结了与"视觉支持"相关的工具，主要包括流程表、信息分享栏、组织图、行为支持图表等，这些视觉工具可以单独使用，也可以整合到相关教育方案（如结构化教学、社会故事法）中，可以有效提高自闭症儿童词汇的数量、主动表达言语的次数，提高其社会交往能力。

（四）辅助沟通系统

辅具沟通系统（Augmentative and Alternative Communication System，AAC）作为一种临床、教育、研究实践的方法，旨在暂时或永久改善较少有或无功能性语言个体的沟通技能，是沟通障碍领域非常重要的辅助工具。其中最常用的辅具沟通系统包括语音输出沟通装置（Voice Output Communication Aids，VOCA）和图片交换沟通系统（The Picture Exchange Communication System，PECS）。

语音输出沟通装置是指使用者通过手指点选、手动按钮等将想要表达的话借助图片、文字、声音等输出来，能够增加无口语或口语表达能力较差的儿童与人沟通的机会，同时可以帮助儿童不断积累、学习词汇和句子。语音输出沟通装置针对的目标沟通行为非常多，如需求表达、日常交流、回答问题、错误口语的减少等。大量实证研究表明，语音输出沟通装置对于提高儿童表达的主动性具有显著效果，且该装置在泛化和维持方面表现突出。例如，Rob Horner 使用语音输出沟通装置对 3 名自闭症儿童的语言表达能力进行训练，结果发现儿童主动表达意愿的概率增加，语言表达能力也有所提高，而且在撤销该装置后儿童的语言表达依然可以维持。

图片交换沟通系统是辅助沟通系统中一套替代性的视觉输出系统。该系统最早由 Bondy 和 Frost 提出，主要是通过交换具体的图卡进行信息传递，帮助儿童表达自身意愿和要求。其可分为从易到难的六个阶段：使用图片表达需求、使用图片进行沟通、辨别图片内容选择合适的图片进行沟通、组合图片形成简单句子、组合图片回答问题、使用图片进行情感表达。一般自闭症儿童都能完成前三个阶段或者到第四阶段，但五、六两个阶段难度较大，能够完成的较少。作为一种常见的沟通辅具，图片交换沟通系统的训练疗效得到了相关研究者的验证。例如，徐燕以个案自身情况为出发点，以 PECS 为训练方法，设计出一套适合个案语言发展的具体训练方案，训练时间为 3 个学期，结果显示儿童基本能够听懂教师的指令和问话，适当表达自身意愿的行为次数增多。

（五）音乐训练法

音乐治疗是一种有计划、有目的的互动性干预方法，针对个体的情况专门设计相应的音乐行为或音乐体验，可用来对自闭症患者进行干预训练。目前几种干预形式主要包括接受性音乐干预、创造性音乐干预、即兴音乐干预、娱乐性音乐干预以及音乐游戏。自闭症儿童虽然在语言方面有障碍，但他们对音乐的感知能力并没有缺损，甚至喜欢唱歌和演奏乐器。另外，音乐在很多方面是与语言共通的，如音乐和语言一样有着节奏，都由单元组成，都能够用来传递情感，这意味着音乐训练对自闭症儿童语言发展有很大的重要性。

大量研究证明，音乐干预能够显著提高儿童的语言沟通能力。其中 Miller-Jones AM 为探讨音乐疗法对自闭症儿童语言发展的影响进行了研究，由 6 名音乐治疗师对 10 个家庭中 3—8 岁的自闭症儿童进行音乐训练，训练结果显示自闭症儿童逐渐从非语言状态学会了唱歌，语言表达能力、社会交往能力以及家庭幸福感都得到提升。Lim Hayoung A 比较了音乐训练和语言训练对自闭症儿童学习词句的效果，结果发现音乐组的训练效果比语言组更显著。另外有研究表明，舒缓音乐有利于儿童身心放松和注意力的保持，同时也有利于提高儿童学习词汇、句子的效率。

（六）游戏训练法

游戏训练法，简单来说就是通过游戏建立人际关系，促进儿童语言发展的一种方法。游戏贴近儿童的生活，操作简单，更容易被接受和采纳，但开始前需全面了解受训对象的情况，以为其制定合适的训练方案。游戏训练法在自闭症儿童语言康复中的疗效也得到了研究者的验证，其中刘军采用体育游戏的方法对 10 名 5～6 岁的自闭症儿童进行干预研究，通过配对将儿童分为干预组和对照组，具体的游戏包括"两人三足""传球接话"等，研究结果显示，接受体育游戏训练的干预组儿童的语言表达的欲望和能力有了明显提高。姚嘉、毛颖梅采用游戏训练法对一名 5 岁轻度自闭症男童进行干预，研究者通过与男童一起玩沙盘游戏、角色扮演等，一段时间后发现该男童在玩耍时与研究者眼神互动增多，有意注意增加，能主动与研究者进行沟通，语言表达能力得到提升。

三、训练效果

自闭症儿童语言康复训练主要包括以上六种方法，虽然不同的研究选取的研究对象不同，采用的训练策略也有所差异，但目的都是提高自闭症儿童的语言发展。将目前自闭症儿童语言训练成效进行整理，可以概括为以下三个方面：一是自闭症儿童的语言表达能力提升，部分自闭症儿童从完全无口语交流、只能说出单个字到可以使用短语或简单句子表达自身需求，词汇数量、句子长度增加，流畅性也得到改善；二是自闭症儿童尝试与他人交流沟通的意向和行为增强，当别人与之沟通时能主动回答，互动性水平提升，但他们尚不能主动、积极地与他人沟通；三是自闭症儿童的语言理解能力增强，表现为儿童对词汇和句子的理解能力以及对某些指令动作的理解力增强，与同伴、教师和家长等的误会和冲突减少，攻击、自伤等行为的出现率也显著降低。

四、启示与建议

（一）加大研究力度，综合考虑选择训练方法

总体来说，目前国内外针对自闭症儿童语言康复提出的训练方法种类很多，但是相关的研究数量较少，使得某些训练方法的疗效只在某一研究或者某一个案身上得到验证，研究成果的推广性较差。在未来研究中，应加大研究力度，扩展研究对象的数量，探求更有效的语言康复方法。

自闭症儿童语言障碍的类型有所不同，再加上其自身存在很大的差异性，这就要求康复训练师在为其制定训练方案时，要以儿童自身情况和特点为出发点，结合兴趣爱好，选择合适其发展水平的训练方法。与此同时，研究人员还应充分考虑家长期望以及环境等因

素对儿童语言训练的影响。家长的期望会对儿童的发展方向以及训练强度产生不容忽视的影响，较高的期望在对儿童提出较高要求的同时，也给他们提供了发展的动力；训练环境的颜色设计、物品摆放等也会对儿童的训练造成影响，太过呆板、严肃的环境不利于儿童兴趣的维持，但具体的环境还需要根据大多数儿童的情况来设计。

（二）多种训练策略相结合，发挥儿童的主动性

目前有关自闭症儿童语言训练的研究基本上都是通过使用某一种语言训练方法对儿童进行干预，但每种训练方法或多或少都会存在一定的局限性，在以后的研究中可以考虑将几种训练方法结合，充分利用每种训练方法的优点，优劣互补，形成最优的综合训练法。

此外，儿童作为训练的主体，研究者在对其进行语言训练时应该注重他们的主动性，而不是一味地让他们被动接受训练，研究者可以利用综合训练实现这一要求，例如，将较刻板的回合式教学法与灵活多样的音乐训练法、游戏训练法相结合。因此，在以后的研究中，在了解儿童本身特点和情况的基础上，研究者可以考虑综合使用语言训练方法，发挥儿童的主动性，优劣势互补，更好地促进儿童语言发展。

（三）注重语言训练的日常化，重视家长在训练中的作用

语言存在于儿童生活的方方面面，因此语言训练不能只存在于课堂当中，需要渗透到儿童的学习、生活中。对于处在一线特教学校的教师来说，在日常教学过程中可以穿插一些语言训练方法。比如，在课堂上，可以通过音乐来，舒缓儿童的紧张情绪，利用小组活动、情景模拟、游戏互动等促进儿童之间的相互交流，提高他们的口语表达能力；在课下，可以多组织儿童进行实践活动，如植树、购物、清理小广告等，为儿童营造不同的生活场景，既有助于他们的人际交往、口语表达能力的提高，也能有效提高他们的动手实践能力。

此外，家长作为与儿童日常生活紧密联系的人，教师、研究者应重视家长在自闭症儿童语言康复训练中的作用，除教授他们以家庭为中介的训练方法，还可以教给他们诸如游戏训练法、音乐训练法等简单易施的训练策略，让家长有机会训练儿童的语言能力，不仅可以提高训练效果的成效，还可以增强家长的自信心，让他们亲身感受到孩子的点滴进步。

第二节 教育机器人与自闭症康复训练

教育机器人是人工智能技术在教育领域中的一个重大应用成果。越来越多的研究表明，多样性互动模式及适应性教学策略是教育机器人在语言教育中的优势。现阶段，已有

学者将人工智能技术运用于自闭症儿童教育，并取得了一定的进展。本节从教育机器人以及自闭症儿童自身特点的角度，探讨如何将教育机器人与现有的自闭症儿童语言训练方法相融合，以期为融合教育机器人以提升传统的自闭症语训康复水平提供参考。

随着科技的发展，人工智能技术所渗透的领域越来越多。在教育领域，人工智能技术也带来了新的教育模式，引发了许多新的教育理念。吴永和、刘博文和马晓玲认为，人工智能在国家政策和领域应用的驱动下不断发展，教育作为人工智能的主要应用领域之一，正向"人工智能＋教育"的新阶段迈进。其中，教育机器人就是人工智能应用于教育的典型成果之一。

在人工智能技术发展中，语言的输入输出是重点课题之一。当前，计算机已经实现与人使用自然语言进行相互交流。随着语言识别技术的不断发展，研究者开始将教育机器人引入语言教学中。在取得了一定成果后，又开始有研究者尝试将教育机器人应用于特殊教育中的语言教学。

本节将梳理教育机器人在语言学习中的应用现状，以及当前自闭症的康复训练理念，探讨教育机器人结合传统训练法对幼儿语言能力提高训练中的优势、不足及展望。

一、自闭症谱系障碍及其干预法

（一）应用行为分析

应用行为分析（Applied Behavior Analysis，ABA）属于行为主义流派的理论，在帮助自闭症患者进行语言障碍康复方面应用较为广泛，是被美国孤独症中心（National Autism Center）审核为有大量循证依据支持其有效性的自闭症患者语言障碍康复方法。ABA 训练法非常注重儿童的个体差异性，其观点认为要提高自闭症儿童的语言能力，首先要准确评估他当前的语言能力，并依据儿童特性为其制订个性化教育计划。

基于 ABA 分支出来的各种具体行为训练法都取得了较好的成果。例如，洛瓦斯运用 ABA 原理所创建的分段式回合教法（Discrete Trial Teaching，DTT），其训练步骤主要是通过教师呈现指令，观察自闭症儿童的反应并在儿童表现出正确的反应时给予强化训练。基于 DTT 又产生了关键性技能训练法（Pivotal Response Treatment，PRT），其核心理念就是专注于对关键性领域进行行为教学，强调提供自然的情景来促使学到的行为泛化，促进社交的自发性和动机。言语行为里程碑评估及安置程序（Verbal Behavior Milestones and Placement Program，VB-MAPP）基于斯金纳的言语行为理论提出，其主要观点是将语言看成一种行为，并通过行为主义的方法来训练儿童。PEAK（Promoting the Emergence of Advanced Knowledge）关系训练系统是近年来较受关注的一种训练法，Dixon 做了多项研究，将 PEAK 关系训练系统与经典的评估工具对照，发现其具有较高的效度，并且效果良好。

（二）感觉统合训练

感觉统合训练（Sensory Integration Therapy，SIT）被认为是一种可运用于自闭症儿童的训练方法，其主要观点是利用神经可塑性，对儿童提供特定形式且适当的感觉刺激，可提高神经系统处理感觉刺激的能力。但 Lang 等对众多文献进行了系统回顾，认为许多研究的研究方法有误，且没有足够的证据表明 SIT 具有持续的积极作用。近期 Schoen 等通过系统的文献研究认为，在不偏离干预的基本要素的情况下，有足够的实践证据证明该干预法的有效性。

总而言之，SIT 是否对自闭症儿童有效还存在一定的争议，有待更进一步的研究。

（三）游戏干预法

沙盘疗法（Sandplay Therapy）是游戏干预法的典型。自闭症儿童的言语交流能力有限，那么或许能通过其他方式表达情感。Kalff 将沙盘游戏定义为"自由和被保护的空间"，在这个世界里，自闭症儿童不被认为是有错、迟缓、古怪的，或者有功能障碍，而被完全看作是有能力的且有创造力的。自闭症儿童在选择玩具时，治疗者可用有声语言来说明玩具模型的名称、颜色及相关信息，这种伴随动作引发的言语刺激能够使自闭症儿童的内部语言处于活跃状态，形成词组表达。

地板时光（Floortime）也是游戏干预法中的一种。Greenspan 等于 20 世纪 90 年代末设计出一种针对特殊儿童的干预方法，被称为"基于发展、个体差异和人际关系的干预模式（The Developmental，Individual Differences，Relationship based model，DIR）"，地板时光则是 DIR 模式的一个重要组成部分。地板时光注重儿童的自主性，以照顾者为中介，培训家长最大限度地与孩子互动，其核心方法在于通过儿童的兴趣建立情感关系，来促进儿童的社会沟通技能。Jane 和 Brenda 运用包含地板时光的游戏项目对自闭症儿童家庭进行训练，结果发现，45.5% 的儿童功能性社交有了显著进步。

（四）音乐干预法

音乐干预也是一种常用的自闭症儿童干预法，一系列的回顾与分析都证明音乐治疗对自闭症儿童的交际技能、社会互动和游戏行为均具有积极影响。常欣等整理了三种提升语言能力的较有代表性的方法，一是听觉动作通路训练（Auditory-Motor Mapping Training，AMMT）；二是基于旋律的语言沟通治疗（Melodic Based Communication Therapy，MBCT）；三是背景音乐干预方法。在更具体的方法上，有让自闭症患者创作音乐、将单词融入音乐中、引导自闭症患者模仿乐器的声音说话等。

二、教育机器人在自闭症康复训练中的运用

当前，已有不少教育机器人运用于自闭症儿童语言能力提高方面的研究。王永固等通过文献检索和文献筛选认为，社交机器人有潜质成为自闭症儿童社交技能训练的有效工具。目前，我国也已经有一些学者开始致力于专门针对自闭症儿童康复训练中使用的机器人。根据范晓壮的总结，目前教育机器人主要运用于模仿、共同注意、情绪识别和表达、主动沟通等方面的内容，其中在主动沟通中，主要扮演治疗同伴、社会活动中介以及作为示范的社会代理。教育机器人运用于自闭症儿童语言治疗至少有如下优势：

（一）机器人可分析出个性化语言学习内容

在语言教学中，学习者的具体情况千差万别。维果茨基的"最近发展区"理论强调学习内容必须根据学习者现有的水平，提供略带难度的学习内容。该理论认为，要使学习活动有效，所提供内容的水平应该在其已有水平到潜在能达到的水平之间，形象地说，就是"跳一跳，能抓到"的高度。在语言学理论上，宾克认为，儿童有限的语法是成人语法结构中的一个子集，仅仅重复学习已学会的简单材料，不能使儿童的语法子集进一步发展，只有提供其语法子集以外的复杂材料，才能使其逐步学会更复杂的语法。

Westlund 和 Breazeal 用教育机器人的研究证实了这一点，他们通过让机器人向儿童呈现简单的和复杂的两种学习内容，结果发现，学习复杂资料的儿童在后测评估中能说出更多的且更多样化的词语。

因此，最理想的教育方式就是不断地实时评估儿童现有的语言能力水平，并据此提供略带难度的学习内容。而智能测评则能为此教育方式提供技术支持。机器人能通过收集儿童学习过程中的行为表现数据，提供基于当前水平的更高难度的个性化内容，从而提高学习效率。

（二）促进互动以及提高参与度

理想的语言教学方式不应仅仅是教授词汇，还需要更多地让儿童积极参与到有意义的社会交互情境中，进行面对面的对话交流。例如，讲故事作为一种社会互动行为方式，能够很好地让儿童学习、练习和构建语言系统，是语言学习的一个重要方法。非言语信息也是影响语言学习效果的重要因素。有研究表明，无论是由机器人还是人类提供教学，儿童都可以从对话者的非言语信息获取所要学习词汇的线索以改善词汇学习的效果。一系列研究表明，在讲故事游戏中，让教育机器人运用手势和情绪等非言语信息，可进一步强化学习的效果。

教育机器人往往以游戏作为学习背景，这更容易吸引儿童的注意和兴趣，让他们主动

与机器人互动，提高学习效果。Heath 等人开发了一款机器人，通过收集时间与空间数据证实机器人能够吸引儿童的注意，并引诱其参与到讲故事活动中。机器人还能够提供恰当的反馈，以提高自闭症儿童的活动参与度。Alemi 等人研究发现，自闭症儿童非常期待来自教育机器人的反馈信息，甚至能在机器人播放音乐并跳舞时，产生模仿行为。

不少研究表明，相比真实的人，自闭症儿童更愿意和机器人交流。研究者认为，机器人的指令相对于人类的言语和非言语指令更为明确和简单，自闭症儿童可能会被成人复杂的指令所迷惑而变得紧张，但机器人明确简单的指令及其创造的轻松、安全、可预测性的情境则有助于缓解这一问题。

（三）更新迭代与批量生产

教育机器人具有的一个天然优势是教育机器人不需要经过长时间的培训。当发现了旧版本教育机器人在运行程序上的缺陷时，只需要通过更新即可让所有教育机器人根据教学需要，拓展新的学习模块和功能。教育机器人具有长期的经济效益，一旦建立成熟的教育机器人生产线，就能够批量化生产，更容易实现一对一教育的规模化，这是其他教育模式所无法比拟的优势。

三、讨论与展望

尽管教育机器人在自闭症儿童训练中已经取得了不小的进展，但很少有研究者系统地设计一套课程将教育机器人作为重要角色融入现有的干预方案中去。目前关于教育机器人的研究往往局限于短期影响效果的探讨，缺少在长期的、系统的训练中引入机器人作为辅助的实例。下面将进一步探讨如何将教育机器人融入现有的自闭症训练法中。

（一）教育机器人融入游戏干预法

教育机器人应用于自闭症儿童训练，比较常见的是游戏干预法。例如，Wong 等让机器人陪自闭症儿童进行游戏，根据教师反馈，发现这些孩子在游戏过程中表现得比平时更积极，还会触摸机器人，且不会感到紧张，比平时更放松。

1.教育机器人参与沙盘游戏

通过沙盘疗法来进行语言能力训练，咨询师需要创设一种安全的、受保护的环境。由于自闭症儿童与教育机器人相处时往往更放松，表现出更多、更真实的自主行为，因此，可以将教育机器人引入沙盘游戏以提升训练效果，并可将其区分为两种模式。一种为"教育机器人协助＋沙盘"模式，即让教育机器人扮演原来治疗师的角色。假若教育机器人的智能化程度有限，为了取得更好的效果，可以通过治疗师在另一个房间进行远程操控，以进行更有效的互动。另一种是"教育机器人玩伴＋沙盘"模式，即让教育机器人参与到沙盘游戏中，并且与自闭症儿童进行更密切的互动。若将人工智能技术带入沙盘中，实现能够检测沙盘上物件的"智能沙盘"，沙盘可以将这些物件反馈给教育机器人，由教育机器人分析后进行描述和互动，以起到刺激自闭症儿童的内部语言的功能，甚至参与和引导沙盘游戏。"教育机器人协助"和"教育机器人玩伴"这两种模式也可以在一个较长的训练周期中交替使用。有人类在场是否更有效？教育机器人究竟该扮演什么角色？在技术上会遇到什么困难？这些问题有待通过实验研究来探索。

2. 教育机器人参与地板时光

地板时光主要通过在地面上和自闭症儿童进行游戏来进行，常常是家长和儿童一起进行，可以一对一进行，也可以全家人共同参与。在进行地板时光的时候，儿童是游戏的主导，因此所要进行的游戏应该是儿童感兴趣的。目前将地板时光与教育机器人结合的研究寥寥无几，但是不难想象，教育机器人可以在其中扮演一个重要的角色。此前已有教育机器人陪伴自闭症儿童进行团体游戏的研究，那么就可以将教育机器人迁移到地板时光。教育机器人本身具有的吸引力能更好地促进自闭症儿童参与游戏，其父母还可以迎合教育机器人的反馈来赞许自闭症儿童，促进亲子交流，从而不仅对自闭症儿童语言能力的提高起到作用，还可能对亲子关系产生积极作用，给训练带来更深远的影响。

（二）教育机器人融入基于 ABA 理论的训练法

上文已经谈到有学者为自闭症儿童专门设计了特殊的机器人，但是很少有学者将其与传统干预法的理论结合起来，设计一套专门的长期的康复训练课程。陈东帆等结合 ABA 理论，提出过一种被称为"ART 模型"的基于人机交互技术的自闭症社交课程，是一种较新的尝试，其主要理论是建立自闭症儿童（Autism）、机器人（Robot）、康复师（Therapist）三者的两两互动来起到学习效果。社会交往能力与语言能力密切相关，下文将结合教育机器人与 ABA 理论在语言能力提高方面进行讨论。

1. 教育机器人在 ABA 理论中的优势

教育机器人在 ABA 理论中具有很多可发挥作用的地方。ABA 的一个重要操作手段就是"塑造"，即当目标行为出现时给予强化和反馈。此外，ABA 注重在进行辅助指导前，吸引孩子的注意力，创造合适的条件。在给予有效强化和反馈上，机器人无疑具有巨大的优势。机器人本身就很容易引起儿童的关注，并给自闭症儿童提供反馈。

ABA 训练注重语言学习从简单到复杂，从模仿到主动表达，逐步增加语言的复杂性。由于自闭症儿童个体差异很大，使用个性化的干预方案非常重要。机器人可以基于人工智能技术，收集自闭症儿童的语言数据，从中选出自闭症儿童熟悉的词语，为评估儿童的语言能力和准备学习内容提供参考。

2. 教育机器人在 ABA 干预中可扮演的角色

根据陈东帆等的 ART 理论，教育机器人在干预中可以与康复师互动，示范模仿需要学习的动作；也可以与自闭症儿童互动，成为儿童的学习伙伴或模仿对象，吸引儿童完成课程。

笔者根据现状，提出了下面这些将教育机器人引入 ABA 训练的途径：

（1）机器人发布指令。在以往的 ABA 干预法中，康复师往往通过提出指令，对自闭症儿童的行为结果给予反馈，从而最终达到塑造某种行为的结果。在这种情况下，康复师既是指令的提出者，同时担任辅助者的角色。而如果由机器人来发布指令，是否可能因为儿童对于机器人本身的兴趣而更愿意达到指令的要求？在这种情况下，康复师所要做的就是帮助儿童完成任务，这时康复师会成为儿童完成任务的协助者，康复师可通过适当的引导和协助，帮助自闭症儿童完成机器人的指令，这或许能给自闭症儿童带来成就感，对康复师与儿童的关系也有积极作用，促进二者的交流，从而提升康复训练效果。例如，机器人可以在和儿童游戏的过程中，有礼貌地请求儿童帮它拿一个青苹果。若自闭症儿童表现出犯难，康复师则可以帮助儿童找到青苹果，并告诉儿童："这是青苹果！绿色的！拿给小白（机器人名称）吧！"当儿童把青苹果递给机器人后，机器人给予积极反馈（如呈现开心的表情），并再次强调青苹果的名字和颜色等。在这个过程中，尽可能引导儿童重复物品的特点和名称，从而提高其语言能力。由于目前人工智能技术有限，上述例子中要让机器人接过苹果可能很困难，但我们可以让儿童将苹果放置到一个检测器上，检测器检测到指定物体后，发送信息给机器人，以便机器人发出反馈。

（2）机器人角色扮演。角色扮演是 ABA 理论相关的各种干预法中常用的技巧，主要有示范、指导、演习、反馈四个步骤，其往往用于教授一些复杂的社交技能。

第一步示范，机器人可以和康复师一起示范社交场景，也可以让两个机器人运行已经设定好的程序，表演某个社交情景。第二步指导，将机器人作为指导者在技术上比较困难，可能需要克服眼动检测、动作检测等多方面问题，但让机器人表演被指导者相对容易，例如，可以让机器人犯指定的错误，由康复师有礼貌地对机器人指出，机器人礼貌地回应，以对这一行为模式进行正确示范。精心准备整个过程，有助于事先就帮助自闭症儿童避免在随后的演习中可能出现的误区，同时让机器人参与的角色扮演变得幽默有趣。第三步演习，机器人可以作为与儿童对话的对象，同时也可以让反馈者参与进去。由于机器人几乎无法识别自闭症儿童的演习是否能做出良好的反应，机器人的所有行为都需要人为地远程操作。第四步反馈，机器人可以作为一个提供强化的来源，如果希望减少自闭症儿童某种不期望的行为，可以借助机器人扮演错误示范，由康复师或者其他机器人指出，再由机器人进行改正并表演正确的行为，这种替代强化或许能取得好的效果。

（3）教育机器人融入感觉统合训练。感觉统合训练主要通过诸如按摩球、平衡木等训练器材进行。那么可以设想这些训练器材可以通过物联网系统联系起来，将训练结果数据传送给教育机器人，教育机器人根据结果来做出相应的反馈。教育机器人还可以作为一个玩伴参与到训练中去，给予儿童示范、帮助，在此过程中促进儿童的社会交流，提升其语言能力。教育机器人本身的触感、多媒体功能等也是可以进一步研究的地方。

实现上面的设想需要较高的成本投入。由于感觉统合训练本身尚无有力证据证明其有效性，因此，应当先对感觉统合训练进行进一步的研究，再考虑引入教育机器人。

（4）教育机器人融入音乐疗法。绝大多数教育机器人都具有多媒体功能，因此，融入音乐疗法并非难题。在语言沟通上，通常使用的方法是给每个要学习的目标词都配上一个固定的旋律。例如，在 Sandiford 等的研究中，先让被试聆听目标词，跟着旋律拍手；之后跟唱目标词，再拍手，由此逐步学会目标词。教育机器人完全可以充当唱出目标词并拍手的示范对象。鉴于自闭症儿童很喜欢得到机器人的反馈，那么由机器人作为示范对象，效果可能会更好。机器人还可以在播放音乐的同时呈现图像，丰富效果。；还可以充当乐器的功能，将各种乐器的声音内置到教育机器人设备中，教育机器人就可以像电子音乐软件一样根据使用者的要求播放声音。

当前教育机器人应用于自闭症儿童语言能力的提升研究还有很多值得关注的地方：

（1）现有干预法的组合和效果问题。在训练中，各种干预法并不是完全孤立的，康复训练师往往会同时选取几种干预法来对自闭症儿童进行干预。而教育机器人参与到其中的全部或部分训练中是完全可行的，但这需要一个系统的安排和足够的理论支持。使用教育机器人的最终目标是提高自闭症儿童康复效率或者节省康复师的时间精力成本，这是研究中需要重点把握的地方。

当前存在的各种自闭症干预法当中，部分干预法的有效性仍然尚待研究，在开发一个系统的带有教育机器人且结合当前干预法的课程体系前，应该尽可能地选择结合已有多方面证据证明其有效性的干预法。当然，也可打破常规，建构以教育机器人为基础的自闭症干预理论，但其过程务必要谨慎进行，多方面考虑成本和效果问题。

（2）技术难题。尽管教育机器人已经被少量运用到自闭症儿童的干预训练中，但目前所遇到的技术难题也是显而易见的。首先，机器人语言识别的准确率、效率仍然有待提高，再加上自闭症儿童更是在言语方面有困难，这一问题将导致人机互动受到巨大阻碍。其次，教育机器人的眼动检测、动作识别等技术能够帮助康复师更好地判断不同自闭症儿童的个性特点，但目前由于技术限制还无法普及运用。最后，是正确的反馈，要让教育机器人对儿童的语言、动作做出正确反馈，则必须基于上述两个技术的发展。但笔者认为，部分问题可以暂时通过远程操作机器人来解决，通过人为远程控制机器人，既能够维持机器人的优势，又能够解决技术上无法解决的一些问题。

（3）当前研究数量及广度尚有不足。Pennisi 等对 998 篇（758 篇有效）有关自闭症和社交机器人的调查文献进行了回顾调查，认为目前的研究至少存在以下几个局限：纵向研究较少；多数研究缺少控制组；许多研究的被试数量较少。Cabibihan 等从工程学角度总结了三个需要研究的关键影响因素：机器人的外观、功能和智能化水平等需要进行优化，以满足自闭症儿童的独特需要、由机器人执行的不同角色的效果和在治疗过程中机器人可能引起儿童哪些特定的行为。

（4）新异效应的影响。新异效应是一个需要重点研究的问题。各种干预法都不可能一两次就完成，随着儿童与机器人接触时间的增多，是否会导致机器人不再引发儿童兴趣，或者反馈逐渐无效，这是需要关注的问题。假若儿童只在刚接触机器人的时候有兴趣，那么教育机器人在长期干预中的应用方式就要进行更加精心的安排。

总而言之，将教育机器人运用于提高自闭症儿童的语言能力方面有很大的潜力，需要进行不断的探索、多方面的研究，以期让自闭症儿童更好地康复。

第三节　家庭教育与自闭症儿童语言训练

语言障碍是自闭症儿童突出的特征之一，也是家庭要急于解决的问题，那么，家庭教育如何培养自闭症儿童的语言能力呢？本节从端正态度、树立信心、充分发挥家庭教育的作用，掌握自闭症儿童语言的训练方法，创造各种条件诱发自闭症儿童的主动性语言方面提出了建议，供家长参考和借鉴。

语言是思维的工具，人们借助语言表达与记载思维的成果，相互交流思想、感情和意愿，因此，语言能力的培养是一个人一生都需要进行的，语言能力也是一个人所应具备的能力。而自闭症儿童在言语、句法和交际等方面存在明显的语言障碍，以致不能在社交场合使用语言，不能与人进行有效的情感交流和沟通。但自闭症并非精神病，而是广泛性发育障碍，在治疗的基础上，结合家庭持续的教育和训练，对自闭症的康复是有很大帮助的。

一、端正态度，树立信心，充分发挥家庭教育的作用

家庭是第一所学校，家长是孩子的第一任老师。在自闭症儿童语言发展进程中，家庭

教育非常重要，如果能充分地发挥家庭教育的作用，那么对自闭症儿童康复将会有极大的益处。因此，家长必须要端正态度，树立信心。一般的家庭在得知孩子患有自闭症时，多数会有不同程度的心理压力，为此，家长应该认识到孩子的病症不是父母造成的，而是儿童发育行为中出现的疾病，是一种发展性障碍，这种障碍是可以通过一定方法解决的，应树立信心，帮助孩子，一起解决问题，减少家庭对孩子的压力。此外，家长要正确对待儿童，既不嫌弃也不放弃。

二、掌握自闭症儿童语言的训练方法

（一）训练自闭症儿童对语言的注意力

自闭症儿童存在严重的注意障碍，他们喜欢按自己的意愿去做事，很难把自己的注意力放到一个事物上。因此，注意力的训练是自闭症儿童进行语言训练时必不可少的。要训练自闭症儿童对语言的注意力，首先应训练他们的目光对视能力，培养他们的有意注意能力。通过目光对视培养，让自闭症儿童知道对方在注意他，等待他的回应，教会孩子认真听别人说话的习惯。

自闭症儿童的有意注意明显薄弱，与自闭症儿童交谈时，他们对人不理不睬，注意力分散、转移，对外界刺激视而不见、听而不闻，所以家长在与他们交流时，必须把握好距离，最好能与自闭症儿童近距离、面对面、强制性地接触，当他不耐烦的时候，就用一些他平时喜欢的东西吸引他，然后再面对面交流。

（二）训练自闭症儿童的语言理解能力

言语测试显示，自闭症儿童理解别人的话语往往有不同程度的障碍，严重者没有任何语言理解能力，对别人的话语不能很好地理解，自然不会有很多对话，所以，自闭症儿童的语言发展迟缓，如果不加以训练，原有的语言能力可能会渐渐消失。

在家庭教育中，在提高自闭症儿童的语言理解能力时，可以先从简单的动作能力训练开始。身体各方面协调能力的发展是语言训练的前提，而模仿能力的建立起于动作模仿。一般来说，没有动作模仿就不容易出现模仿发音。动作模仿一般包括使用物品的动作模仿、大动作模仿、手部精细动作模仿、口型模仿、舌部运动的模仿等。在自闭症儿童的家庭教育中，家长可以先从粗大动作的模仿教起。所谓粗大动作，就是简单的、比较容易掌握的，又是常用的动作，只有教这样的动作才能在较短的时间内取得效果，并且被自闭症儿童所掌握，从而达到训练的目的。对于自闭症儿童，家长应该在家庭生活中抓住一切机会，尽可能多地与孩子说话，多渠道提高自闭症儿童的认知能力。在平时的生活中，家长在使用某一东西时，可以多跟他们交流，教他们回答日常问句，孩子不会说，家长就说给他们听。

某一天积累的量达到了一定程度后就会有质的变化，孩子就会随之出现语言表达的欲望和能力，开始会简单表达自己的生理需求，如吃、要、睡觉等。

（三）训练自闭症儿童的语言表达能力

在自闭症儿童能够比较稳定地表现出动作模仿能力以及识别物体的能力后，在家庭训练中，家长就可以把促使自闭症儿童用语言表达作为训练的重点。自闭症儿童学会模仿口型和发音较为困难，因此，必须在儿童有嘴部动作和一些身体大动作模仿能力的基础上，逐步过渡到口型、发音的模仿。对于这些儿童，前期的训练任务重在口型模仿训练。在进行口型模仿训练的时候，要选择孩子精神最好、心情最佳的时间，每次教的时间不要太长，内容不要太多。家长必须与自闭症儿童面对面，以保证他能看着家长，能清楚地观察家长的动作。家长可以用夸张的动作示范发单音的口型，动作要慢，这样儿童才能看得清、记得住，并且动作的幅度要大，要比较夸张，这样才有利于儿童模仿。在儿童模仿的过程中，肯定会出现一些困难，家长可以用手或小棍之类的物件作为辅助工具协助儿童做出正确的口型。

任何一个人要说话，其脑子里都要有一定的词汇，想要表达一句话，就要掌握大量的名词、动词、副词、量词、连词等。自闭症儿童在训练前，多数以上都是脑子一片空白，他们不会正确地去认识周围的人和物，对他人的话充耳不闻，对别人所做的事视而不见，每天就重复做一些单调的动作和自言自语。所以，要想训练自闭症儿童表达，就要给他们灌输大量的词汇。

大多数孤独症儿童的机械性记忆较强，有人把他们的脑子比作一台电脑，输入什么它就贮存什么，输入多少它就贮存多少。认字卡、看图识字书、幼儿园教材等是强化语言能力的必备手段。

三、创造各种条件诱发自闭症儿童的主动性语言

早期语言训练的重点是促进自闭症儿童的自发性语言，自闭症儿童对语言理解能力的提高，有助于他们感知到语言的功能，即语言在他们生活中的作用，进一步促使他们自发地在生活中使用语言，甚至有突破性的进展，避免他们的语言发展出现退缩。

在家长与自闭症儿童共同的生活中学说话是学习语言最有效的方法。只有接近生活的语言才是儿童所熟悉的，而只有熟悉的内容才有利于儿童练习，熟悉的内容会带给他们比较多的语言刺激和语言复习的机会，能给他们提供运用的自然环境。从生活入手，从实际入手，这是训练内容的必然选择，只有这样的选择才能达到训练的目的。例如，训练自闭症儿童说"爸爸、妈妈"这些常用的称呼，教他们说"好、有、吃、要"这些常说常用的

单字，让他们学以致用，不仅会说，而且知道这些字词的意思和可以使用的环境，这可以让自闭症儿童进行极简单的交流，为达到以后能与人进行简单交流打下基础。

朗读不仅可以提高自闭症儿童的认识能力，还可以提高他们的语言表达能力和主动表达的能力。识字的自闭症儿童可要求自己朗读，不识字的可以跟家长朗读。想要提高自闭症儿童的主动语言表达能力，就要大量朗读词汇、句子、儿歌或短文。对于有口语但没有主动语言的自闭症儿童，家长可以给他们每天安排 10—20 分钟的朗读时间。通过长期朗读一些儿歌、短文，他们的语言表达能力会有明显提高，主动表达的意识也会慢慢地强烈。

另外，家庭成员经常和自闭症儿童玩游戏，在活动中演示、询问、回答，对自闭症儿童语言能力的提高也有很大帮助。

第四章 自闭症儿童语言训练实践研究

第一节 语言行为方法在自闭症儿童干预中的应用

沟通障碍是自闭症的主要特征之一，直接影响儿童智力和社会性技能的发展。语言行为方法（Verbal Behavior）基于各种 ABA 研究的成果，能提高儿童学习功能性语言的能力，在训练自闭症儿童的语言沟通技能方面卓有成效。本节从语言行为方法的提出、语言行为方法的应用以及相关研究等方面进行梳理，得出启示：国内相关学者要加强语言行为方法对自闭症儿童干预的教学程序的研究，重视语言行为方法干预效果的实证研究，形成系统的语言行为方法早期干预团队。

语言是一种符号系统，是人们沟通交流的工具，自闭症儿童不仅不能理解和使用"有声语言"这一工具与他人交流交往，在运用肢体语言交流上也存在明显不足。有的虽然有少量的语言，但吐字不清，会说会用的词汇很有限，或者是鹦鹉学舌似的模仿别人说过的话，不会用自己的语言交流。自闭症儿童语言的严重滞后会延迟其智力和社会行为的发展。因此，对自闭症儿童而言，任何一个干预计划中最重要的一环就是及早开始开展有效的语言沟通技能训练。自闭症儿童的语言干预措施有多种，如发音器官训练法、感觉统合训练和脑电仿生治疗等，其中，运用最多的也是世界上已经证明较科学的方法是应用行为分析方法。

一、语言行为方法的提出

（一）语言行为方法的缘起

语言行为是任何涉及既包含说话、手语、图片交换、指、写、打字及手势等的沟通，也包括哭或展现其他问题的行为。语言行为法把语言看作一种可以塑造和强化的行为，不仅关注孩子在说什么，更关注他为什么要使用语言。语言行为法认为语言是学习的行为，并将语言行为定义为以另一个人的行为作为媒介所增强的行为。

语言行为这一术语最早是由斯金纳在他的重要著作《语言行为》中提出的。在这本书中，斯金纳认为，语言分析必须从行为功能的观点来着眼，沟通及控制是语言行为分析中的两大要素。和之前的相关研究的不同之处在于：他将语言作为一种行为来研究，而之前的研究基本都是对语言本身的研究。语言行为方法的支持者认定语言行为中的要求训练是早期干预的一个起点。

20世纪70年代后期，语言行为评估方法早期方案最早在西密歇根大学出现并通过测试。20世纪80年代，Sundberg就已经使用《语言行为》中的一些概念来干预发展迟缓儿童，研究发现，这种语言行为干预方法对一些无口语或是少口语的发展迟缓儿童的语言能力有很好的提高。由于沟通的功能性以及对环境的控制性的强调，以上理论成为语言行为干预方法的观念基础。语言行为发展的几十年来，对多个领域都产生了影响，国外一些研究表明，运用斯金纳的语言行为训练方法对各类出现语言障碍者的口语都有帮助。例如Monica等人通过训练不同的语言行为减少个案异类语言行为的成效研究。语言行为适用于各种发展迟缓的人。Dixon和Katherine对3名患有老年失智的人进行语言行为训练，研究结果表明，通过语言行为的训练有助于帮助患者唤回记忆，提高其语言能力。语言行为能提高孩子学习功能性语言的能力，教给自闭症及发育障碍儿童各种技能。

（二）语言行为方法的原理

语言行为方法作为应用行为分析（ABA）的一个分支，是行为干预的一种。语言行为方法采用了应用行为分析的基本原理，即刺激—反应—强化。研究者向被试提供一种或多种刺激，被试做出一定的反应，研究者对被试的正确反应给予增强，对其不当行为则不提供增强，从个体的需要出发，采用"ABC关联"的方式消除或塑造行为。A（Antecedents）为前事刺激，指行为发生前的情境；B（Behavior）为行为，指前事之后发生的行为；C（Consequences）为后果，指被目标行为发生后的情境，它对行为未来发生的频率有强化或削弱作用。例如，要求一个孩子拍手（A），孩子拍手（B），孩子得到一颗糖果（C）。这种模式主要采用行为塑造的原理，以正性强化为主来促进自闭症儿童各项能力的发展。语言行为方法也采用这种指令、反应和结果的原理，只是采取的方法不同。

二、语言行为方法的实施

（一）语言行为的评估

为自闭症孩子制订语言行为的教学计划，首先要了解他当前的能力。评估结果中各领域的优势与缺陷为制定全面的干预项目提供重要的依据。尽管有大量可用的语言评估，但很少有评估是将语言分成不同的教学单元，如语言操作行为。大多数缺乏特异性的标准化评估并不能辨别出孩子的个别化需要。根据现有研究，语言行为的支持者似乎更多地利用两种评估来确定语言干预的目标：基础语言学习技能修订版评估（ABLLS-R）、语言行为里程碑评估及安置程序（VB-MAPP）。行为分析师将语言视为行为，是环境变量的函数，对评估结果进行行为分析，确定具体的干预目标，进而研究开发课程教学方法。评估者要创造必要的条件，让孩子学习如何有效沟通。评估中的课程不仅仅体现孩子最初的能力，并且要随着时间的推移以及孩子的进步做持续评估。

（二）语言行为的教学形式

自闭症及其他发展障碍儿童语言行为的干预方法主要有两种：回合式教学（DTT：结构性的教学课程，通常在桌边或地板上操作）和自然情境教学（NET：在孩子的日常活动中教导技能）。语言行为教学形式阶段变化主要取决于孩子的技能水平和其他相关需要，根据孩子评估中不同阶段的得分来确定主要采用的方法形式。在由黄伟合、李丹等人翻译的语言行为里程碑及安置程序（VB-MAPP）中提到，如果孩子的评估得分主要处在第一阶段，则他几乎肯定需要结构化强的教学形式（DTT），其中包含由应用行为分析衍生的仔细的教育策略。然而，同一个孩子也能在自然环境（如在游戏环境中、在进餐时间和其他日常作息中，或在社区环境中当动机操作出现时而进行的提要求训练）进行的训练中有一定的收获。当然，单一的DTT或NET形式并不能够满足所有孩子的教育需求。考虑孩子语言获得的能力与学习特性，根据不同的环境结合适当的教学形式，能够收到更好的教学效果。

（三）语言行为的教学内容或教学单元

根据控制变量和反应形式之间的特定关系，语言行为可以分成不同的教学单元。正是因为这些单元对环境所起的作用，斯金纳将其称之为语言操作型行为。斯金纳界定了六种基础的语言操作型行为：要求（mand），对于物品、行动、注意力或者信息需求的表达，如想要苹果时会说"苹果"；命名（tact），即指认或者命名物品、图片、形容词、地点等非语言的感官刺激，如：看到苹果时说"苹果"；复诵（echoic），即可以立刻或延迟重复听到的话语，如当听到有人说苹果时跟着说"苹果"；交互式语言（intraverbal），对话的内容或者是回答的问题受控于其他人的语言行为，如当有人问你手里拿着什么，会回答"苹果"；逐字读（textual），的阅读书写的文字，如看到书写的文字"苹果"能说"苹果"；转录（transcription）行为，即书写或拼出听到的话语。斯金纳在定义语言行为时用的是反应的功能而不是反应形式，所以任何的反应形式都可以变成语言。

三、语言行为方法干预自闭症儿童的实证研究

语言行为应用的最广泛领域是自闭症。将斯金纳的语言行为分析理论加以应用，即语

言行为方法的基本要素，最早由密歇根大学（The University of Michigan）的杰克·迈克尔博士（Dr.Jack Michael）于 20 世纪 70 年代提出来。在国外，越来越多的证据支持斯金纳语言行为分析对自闭症谱系障碍（自闭症）的教育效用。在此，笔者对有关研究做简要概括。

（一）教学单元提示系统的运用与比较

语言行为方法中的复诵提示对教给自闭症儿童交互式语言可能是有效的，一些孩子的表现可能会依赖于这样的提示。1997 年 Mc Clannahan 和 Krantz 的研究表明，复诵提示可能难以消退，这样不但不能消除教学提示，而且极大地限制了孩子的独立性。国外一些学者比较了语言行为教学中的提示策略的教学成效。Finkel 和 Williams 在 2001 年比较了文字和复诵提示的教学有效性，他们进行了一个多基线设计实验，用这些提示去教回答问题的互动式语言行为。此外，Vedora 等在 2009 年的研究中，用一个交替处理设计对两名自闭症儿童进行研究，比较使用文字和复诵提示对交互式语言的获得的影响。结果显示，使用文字提示消退程序能够增加完整句子目标的正确回答次数，文字提示可以用来教自闭症儿童各种技能，同时可以促进其独立性。Coon 和 Migue 认为，提示系统所造成不一致的教学结果很可能与过去受试者的学习经验有关。

（二）不同教学单元训练的结合运用

先前的研究已经确定了一些有效的教学过程来提高有发育障碍个体的语言行为。然而，很少有研究评估当孩子无法获得交际能力治疗程序的修改。Kodak 等研究的目的是评估是否同时教复诵和命名或者要求训练能够获得之前没有学过的语言操作。结果表明，将复诵训练和要求或命名训练结合起来能够增加主动要求和命名。语言行为中不同教学训练的结合运用，对语言行为的获得也有一定的成效。

（三）语言行为方法在课程设计中的应用

May 等研究指出，有关语言行为方法研究对课程设计有一定影响，它以提高语言技能的泛化为目的，这是特殊教育的一个重要挑战。经过回答有关呈现的卡通图片特征的问题培训，没有进一步的教学，被试能够在没有呈现图片的情况下回答有关图片特征的问题。这些发现说明在教学重要的语言技能中，语言行为和派生关系反应程序有一定的潜力。台湾学者凤华老师从语言行为研究自闭症儿童的语言介入，就介入之教学行为的选择、教学环境的安排、教学呈现方式这三方面做了详细的解释。她还从斯金纳的互动式语言对高功能自闭症社会互动语言的教导做了深入研究，研究结果表明，互动式语言教学对于自闭症儿童主题式谈话行为学习显著有效，对自闭症儿童专注行为和语言对话能力也有积极的影响。

四、启示与建议

语言发展是对我们文化生活质量的预测。患有自闭症的人，在学习语言时需要花费大量的时间，需要大量重复的训练。根据如上从语言行为的提出、应用以及干预儿童自闭症实证研究，语言行为方法干预完全有可能成为一种有效的自闭症沟通领域干预方法。今后的自闭症儿童的语言行为干预需考虑以下建议和意见。

（一）加强语言行为方法的教学程序的研究

目前，关于语言行为方法的研究大多集中于单一语言操作行为，如要求、命名和复诵，很少有研究着眼于当孩子从单独的语言治疗程序中无法获得沟通技能时，应该如何处理。因此，进一步研究在单独的语言程序无法获得语言操作行为时，需要考虑语言操作训练程序的结合。另外，鉴于替代沟通系统在自闭症儿童中的高依赖度，需要更多的实证研究来探讨非直接教学结果出现的教学程序。

（二）重视语言行为方法对儿童自闭症干预效果的实证研究

语言行为方法的支持者认定，语言行为中的要求训练是早期干预的一个起点，要求训练是一个过程，它主要是教给学习者在最有兴趣的东西中选出高偏好物品。这种方法的假设性好处是能够对非目标行为有间接影响，但目前语言行为方法要求训练的实证支持薄弱。

近年来，国外以及台湾地区都有了一定的运用语言行为对自闭症儿童语言沟通技能领域训练的实证研究，并且都证明其其效。我国语言学界的一些学者也开始关注语言行为在语言教学中的重要作用，如吴白音那就探析了言语行为理论及其对外语教学的启示，提出在教材编写及理论建构等方面应注意人与环境刺激之间的关联。但这些研究都是针对普通环境中的普通学生的，很少应用到自闭症儿童的干预，特别是自闭症儿童语言沟通技能的开发上。关于语言行为方法对自闭症儿童语言技能训练的研究实证支持不足，特别是语言行为方法对不同程度自闭症儿童的干预效果的差异、与其他干预方法结合运用的效果以及不同方法之间的相互关系等课题，值得未来研究关注。

（三）形成系统的语言行为方法早期干预团队

语言发展贯穿人的一生，但快速发展是在6岁以前。按照语言发展的一般规律，语言障碍的治疗训练时机应在6岁以前，并且越早越好。早期密集行为干预（EIBI）已确立并作为治疗早期儿童自闭症有效方法之一而广为流传。自闭症儿童的语言行为方法类似于早期密集行为干预方法。教师和家长是自闭症儿童早期干预的重要参与者，只凭教师单方的训练方式和方法，不能够完全符合自闭症儿童语言行为获得的过程和特点，不利于自闭症儿童语言的发展。家长是儿童语言教育的主要力量，动员并教会家长相关的语言行为方法，可以将语言训练场所延伸到课堂之外，能够加速自闭症儿童语言行为获得的进度，形成家长、教师等共同参与系统的早期干预团队，对自闭症儿童语言行为的获得意义重大。

第二节　自闭症儿童视频教学片的应用

视频教学片由于具有形象性、情境性、趣味性的特点，对于语言加工能力较为匮乏的自闭症儿童来说，是比传统教学工具更为有效的一种现代化教学工具。本节主要包括以下三个部分：有关概念的界定、关于自闭症儿童视频教学片的发展历程与现状、自闭症儿童视频教学片应用与研究存在的问题与解决策略。笔者将通过这三个部分摸清关于自闭症儿童视频教学片的研究的发展脉络，从而发现相关研究的优势和不足。

1991年，美国教育部门给出了较为权威的定义："自闭症意味着一种发展性障碍，对言语性和非言语性的交流以及社会性相互作用都带来了显著影响。通常在3岁前症状已显现，广泛地影响儿童的教育成绩。自闭症的另一特点是他们喜欢进行反复行为和刻板运动，抵抗环境的变化和日常生活的变化，并且总拘泥于一种感觉体验的反应。"

1995年，《中国精神疾病分类方案与诊断标准》第二版（CCMC-2-R）给出了中国较为权威的自闭症儿童诊断标准：通常起病于3岁以内，具有人际交往障碍、语言障碍、兴趣和活动异常。

一、视频教学片概念的界定

目前对于视频教学片尚未有明确的定义，在本研究中，视频教学片是指根据教育对象的身心特点，根据教学目标、教学内容制作的有利于教育对象身心发展的视频。

二、视频教学片应用于自闭症儿童的发展历程与现状

（一）计算机辅助特殊教育的初探阶段

在计算机辅助特殊教育的初探阶段，人们意识到计算机因具有可重复性、实施方式多样性等优点而有应用于特殊教育领域的可能性。这个时期人们开始运用计算机辅助特殊教育，但仍需要教师提供指导。

（二）"视觉支持法"应用于自闭症儿童康复与教育阶段

在这一阶段，随着特殊教育理论与研究的日益成熟，人们将视觉工具运用于提升自闭症谱系障碍儿童的词汇量、主动性语言表达次数、被动性言语表达次数等。然而，这里的"视觉支持工具"主要包括"图片、表格、实物、符号等"，显然在当时还没有将"视频教学片"纳入这里的"视觉支持工具"。

（三）视频教学片应用于自闭症儿童康复与教育阶段

现阶段，由于特殊教育理论的发展成熟与多媒体技术的发展成熟，我国开始尝试将视频教学片应用于自闭症儿童的康复与教育。视频教学片由于实施时间短、方法简便，而且可以在不同对象、环境和实施过程的情况下促进自闭症儿童快速获得相关技能，并有效持续地维持习得的技巧等方面的优势开始受到人们的重视。

三、自闭症儿童视频教学片应用与研究存在的问题与解决策略

（一）自闭症儿童视频教学片应用与研究存在的问题

1.研究方向与实践方式存在着一定的矛盾

目前，关于自闭症儿童视频教学片研究方向与实践方式存在着一定的矛盾。一方面，关于自闭症儿童视频教学片的研究大部分是应用"个案研究法"进行研究。在研究中，视频是根据个别的自闭症儿童的特点"量身定制"的，研究方法与在研究中的教学内容是为特定的孩子制定的，所有的研究内容都是为了"个别教学"而设计的，所以研究结果是提高视频教学片对自闭症儿童进行"个别教学"时的教学效果。另一方面，目前在学校或者机构中自闭症儿童都是集体观看视频教学片的，也就是说，在教学实践中，更需要知道自闭症儿童对视频教学片需求的共性特点，而不是个别特点。所以，关于自闭症儿童视频教学片的研究和实践存在着一定的不可交接性。

2.现有视频教学片很难引起自闭症儿童注意

据有关调查统计，大部分自闭症儿童不能做到完整观看视频教学片，相反地，自闭症儿童对感兴趣事物的注意时间要远远长于他们所观看的视频教学片的长度，这说明视频教学片无法很好地引起自闭症儿童的注意和兴趣。

3.视频教学片尚未全面做到"专门化"

学校或教育机构为自闭症儿童提供的教学片部分存在"不专门"的现象，视频本是给普通低年级孩子看的，却拿给高年级自闭症孩子观看，本是学前教育内容，却拿给低年级的孩子看。自闭症孩子是不同于普通孩子的一群人，他们虽然感知觉方面个体间差异很大，

但是他们之间的共性与普通孩子之间的共性有天壤之别，所以，将给普通孩子观看的视频教学片直接拿给自闭症孩子观看是实践中存在的错误行为。

（二）相关问题的解决策略

1. 研究方向向实践方向靠拢

研究只有在为实践提供理论指导的前提下才是有意义的，要想解决目前存在的实践方向与研究方向不统一的问题，就要转变现有的关于自闭症儿童视频教学片的研究方法，将"个案研究"向具有广泛性和普查性的研究靠拢。

2. 优化自闭症儿童视频教学片的设计

要想加强视频教学片对自闭症儿童的吸引力，就要以了解自闭症儿童普遍的身心发展为出发点，视频在时长、声音、画面、内容等方面的设计要全方位以自闭症儿童的身心发展特点和喜好为依据，尽可能做到为自闭症儿童提供的视频教学片是自闭症儿童喜欢的视频教学片。

虽然视频教学片对自闭症儿童的康复与教育具有十分重要的作用，但在目前的研究和实际应用中仍存在不少问题，要想克服存在的问题，一方面，在实践方面，自闭症学校、教育机构应用的视频教学片要从时长、声音、画面、内容等方面进行改进，抓住大部分自闭症儿童对于视频教学片的需求共性，增加对自闭症儿童的吸引力，提高"一对多"形式视频教学片吸引自闭症孩子注意力的能力；另一方面，在研究领域，要增加具有广泛性和普查性的研究。相信通过不懈努力，一定能够提高自闭症孩子的康复和教育质量！

第三节　音乐治疗在自闭症儿童康复中的应用

音乐治疗在儿童自闭症康复过程中发挥着重要作用，它可以促使自闭症儿童注意力更加集中，让他们与人交流的目光增多，有效提升其语言表达能力，减少儿童的刻板行为，积极调动情绪，进而改变自我封闭的现象，有效促进自闭症儿童的康复。

自闭症是世界上很多国家都在关注的一种疾病，至今还没有找到好的治愈方法。音乐可以有效地打破自闭症儿童封闭性的世界，进而让自闭症儿童意识到人的存在，有效建立自闭症儿童与外部世界的联系。音乐治疗师可以根据自闭症儿童具体的情况制定相应的解决措施，进而有效地缓解其自闭症症状。

一、音乐治疗对自闭症儿童的影响分析

（一）音乐可以促进自闭症儿童感知能力的发展

很多自闭症儿童的感知能力会存在一定的缺陷，有的自闭症儿童的感知能力比较迟钝，有的自闭症儿童感知能力比较敏感。音乐治疗可以根据自闭症儿童的特点和个性的需要设计音乐舞蹈，进而为自闭症儿童提供听觉、视觉等一连串的刺激，丰富其感官体验，增强其感知信息的能力，对自闭症儿童的大脑活动可以起到不同程度的刺激作用，促进自闭症儿童感知能力的发展。

（二）音乐可以促进自闭症儿童语言能力的发展

在音乐治疗中，可以将自闭症儿童掌握的词语编入歌词中，让其反复歌唱。自闭症儿童在音乐环境下，更容易记住歌词，进而达到促进语言能力发展的目的。音乐治疗对自闭症儿童的语言能力的诱发，主要灵感来源于婴儿在学习语言的过程中也是通过声音、节奏等进行有效的交流。有的婴儿在很小的时候就会唱歌、背诗，主要原因在于语言具有韵律，便于记忆。因此，在自闭症儿童治疗过程中，可以与音乐进行有效结合，在加强记忆的基础上促进自闭症儿童语言能力的发展。

（三）音乐可以愉悦自闭症儿童的身心

自闭症儿童的情绪不稳定，经常多动、急躁，遇到不高兴的事情就会发脾气，如果给自闭症儿童聆听喜欢的音乐，就可以有效地缓解其心情，还可以给他们以鼓励，让他们通过身体的律动发泄自己内心的压抑情绪，然后配合。因此，音乐活动可以让自闭症儿童在一定时间内享受成功的经验，建立自信，促进社会交往能力的发展。

二、自闭症儿童音乐治疗策略

（一）明确目标，实施个性化音乐教学

自闭症儿童的音乐教学是一个系统的教学体系，丰富多彩的音乐教学方式、个性化的音乐教学内容、专业的音乐教师都是其中的重要组成部分。但由于这种音乐教育面对的是自闭症儿童，因此在进行音乐教育的过程中，治疗师应当熟悉每一个自闭症儿童的个性特点，明确教学目标，选择最佳的教学方式，进而促进其发展，让每一个自闭症儿童在音乐教育活动中能够很好地适应当前的音乐教学内容。例如，小 L 同学从小患有自闭症，却非常喜欢钢琴，并对于乐谱有着超常的记忆与领悟能力。教师因材施教，每天利用大量的时间对小 L 进行培训，进而促进小 L 钢琴技能的进一步提升。

（二）收集信息，深入了解儿童音乐喜好

要想真正治愈自闭症儿童是非常困难的，这是因为自闭症儿童在社会交往、语言交往与兴趣爱好等方面都存在一定的缺陷。因此，当自闭症儿童在进入治疗室开始治疗之前，治疗师就应当进行仔细观察，然后收集关于自闭症儿童的信息，对自闭症儿童的音乐行为进行有效分析，进一步了解自闭症儿童的特长与心理需要。例如，针对上面提到的小 L 同学的音乐治疗方案，教师充分挖掘小 L 的潜能，并有效地利用学校有限的教育资源，不断探索新的教学方式，并结合小 L 的身心发展实际、兴趣爱好和生活体验等，对小 L 进行钢琴教学，最大限度地发挥小 L 同学的优势。

（三）对治疗过程进行监控

在对自闭症儿童进行音乐治疗的过程中，应当监控自闭症儿童的治疗过程，实时评估自闭症儿童的治疗效果和预期效果之间的差距。如果对自闭症儿童进行治疗，达到了预期的治疗效果，就应当维持现状继续坚持；如果没有达到预期的效果，就应当及时调整，重新审视治疗过程，为后续治疗提供依据。例如小 L 同学的钢琴教育方案就是比较成功的，在学校以及全国各地举办的钢琴比赛小 L 同学都取得了优异的成绩，促进了小 L 同学钢琴技能的全面提升，也为小 L 后期的自闭症治疗奠定了基础。

综上所述，音乐疗法对自闭症儿童的康复能够起到积极的作用。因此，在利用音乐疗法治疗的过程中，教师应当制定科学、规范的音乐疗法方案，有效消除自闭症儿童的心理障碍，帮助其集中注意力，培养想象力，进一步发展其语言能力。

第四节 动物辅助疗法在自闭症儿童训练中的应用

本节通过对动物辅助疗法在自闭症儿童社会沟通行为中的应用进行梳理，阐述了动物辅助疗法在自闭症儿童社会沟通行为中的优势、应用、面临的挑战。随后，结合以往实证研究成果，提出凝聚各方支持力量、开展职业教育与培训以及转变家长观念三点建议，以期发挥动物辅助疗法在眼神注视问题、沟通情绪问题、语言词汇表达三方面的积极正向作用。

在社会工作实践中，社会工作者基于动物与人的互动成效，以陪伴为切入点，将动物所具备的天赋和情感融入服务人类的过程中，实现服务对象身体或精神的康复和发展。动物辅助疗法已经被人们普遍接受，并被广泛地应用于心理治疗、医疗、教育、康复、社会工作等领域。动物辅助疗法不仅可以被整合到个人或团体服务中，而且可以为更广泛的群

体提供情感支持、心理治疗以及技能发展服务。自闭症儿童在社交、行为、认知和感觉运动等多个发展领域都存在问题，在诸多问题中，社会沟通能力是最明显的缺陷，亦是影响自闭症儿童融入社会、走向美好生活最大的羁绊。动物辅助疗法有其独有的康复优势，能为自闭症儿童提供情感与心理的治疗，其治疗原理基于互动沟通。当然，动物辅助疗法可以提升自闭症儿童的沟通能力已经在实证领域被证实。Gabriels 等人的两项研究表明动物辅助疗法对自闭症儿童的社会认知和沟通能力以及词汇的使用有改善作用。Pat Fung 研究动物在改善自闭症儿童交流能力作用时发现按疗程定期接受医疗犬治疗的儿童词汇量增加，交流欲望增强。

一、动物辅助疗法在改善自闭症儿童社会沟通行为中的优势

（一）康复趣味性强，激发沟通动机

儿童认为动物是非常吸引人的，也愿意与动物亲近。动物减少了患者对治疗师的戒备和心理距离，形成了良好的治疗氛围。将动物引入到提升社会沟通能力的训练中，增强了康复训练的趣味性。能参与治疗的动物都是经过挑选与训练的，它们能主动与人亲近，调动儿童的互动兴趣，激发其沟通动机，使其乐意去表达自己，进而参与到与动物的游戏之中，在与动物的游戏或训练中增加主动沟通的需要。例如犬辅助治疗，狗的活泼与温顺，对自闭症儿童是一种很好的吸引，Burrows 运用治疗犬对 10 名 4—14 岁的自闭症儿童进行干预，研究发现狗能够增加自闭症儿童的主动沟通频次。对于缺乏有效社交机会的自闭症儿童而言，动物的出现可能为他们的日常交往提供一种独特的、更具吸引力的社交渠道。

（二）情绪调节突出，融入社会生活

动物会以各种方式向人传递愉悦和友善，使自闭症儿童放松身心、缓解焦虑。养过宠物的人都知道动物与人的互动会营造一种轻松、愉悦的氛围。在与动物的互动中，自闭症儿童的焦虑、暴躁等不良情绪明显减少。同时，玩耍的过程也是沟通技能习得的过程。情绪的控制与调节能力是自闭症儿童未来融入社会生活的必备技能，良好的情绪管理能力可以帮助其更好地交友、工作、组建家庭等。大量实证研究表明，动物的参与能减少自闭症儿童的不良情绪及行为，如 O' Haire 通过人体生理指标证实，动物的参与能减少自闭症儿童的焦虑与压力。

（三）治疗系统完备，康复效果明显

动物辅助疗法是借助动物进行的有目标、有组织的一种干预方法。从动物的挑选、训练以及干预的实施，有一套完整的理论支撑和严谨的实施系统。虽然动物辅助治疗是一种

新兴的治疗方法，但在自闭症儿童的行为问题干预领域已经取得了可观的康复效果，获得的研究成果颇丰，大量的实证研究已经证明了该疗法在自闭症群体的行为问题、情绪问题以及沟通交流问题等方面的实效性。

二、动物辅助疗法在提升自闭症儿童社会沟通能力中的应用

（一）巧用动物辅助疗法改善自闭症儿童的眼神注视问题

眼神注视是自闭症儿童的一个典型问题特征，自闭症儿童在与人互动时极少与人进行眼神的注视与交流，这也就阻碍了其沟通的顺利进行。眼神的注视是康复训练开展的前提条件之一，在真实的案例中，很多家长和康复师都反映，没有注视的训练效果是大打折扣的，甚至是无效的。动物辅助疗法有其独特的趣味性与吸引力，动物自身的特质会吸引儿童的关注。在实际的康复训练中，通过巧妙且有针对性的训练任务，设置针对自闭症儿童眼神注视的训练内容，如"狗在哪里"，让孩子追踪狗的移动轨迹。自闭症儿童对动态的物体有视觉偏好，动物的蹦跳、转圈对自闭症儿童来说，都是一种视觉吸引。动物辅助疗法的有趣性特征还可以减轻训练的倦怠感。传统的眼神注视训练是一种机械、古板的训练方法，这对孩子来说是枯燥与辛苦的，密集的训练会带来训练倦怠。而动物辅助疗法这样有趣且有效的训练可以在改善自闭症儿童的眼神注视问题的康复中起到事半功倍的效果。

（二）巧用动物辅助疗法缓解自闭症儿童沟通情绪问题

自闭症儿童存在严重的情绪问题，如脾气差、易怒、易冲动，而情绪问题直接影响到良好沟通行为的形成与进行，沟通过程中良好的情绪控制是沟通能力的一个重要部分。动物辅助疗法在情绪安抚与调节方面表现突出，系统的干预设计方案可以改善自闭症情绪问题。例如，通过"骑马""抱狗狗"等干预方法的实施，通过与动物的身体接触，能有效减轻自闭症儿童的压力与焦虑的程度。实证研究也证实了这一观点，狗能够与人的社交行为合拍并做出及时回应，并能够以自己的方式缓解自闭症儿童的焦虑，让其释放压力。与动物的玩耍与追逐互动，可以减少自闭症儿童不良情绪产生的频率，让更多的健康与快乐进入自闭症儿童的情绪世界。

（三）巧用动物辅助疗法丰富自闭症儿童语言词汇表达

语言的缺乏或者不清晰是自闭症儿童的又一典型问题。在现实案例中，许多自闭症儿童家长都会受到孩子语言匮乏或无语言的困扰。自闭症儿童多以一种非语言的表达与外界进行社会互动来表达需要。这种非语言的沟通方式不仅给日常生活带来困难，而且严重影响自闭症儿童融入社会，使其很难实现生活自理与有尊严地生活。动物能够给予孩子及时的回应，虽然动物不能有人类语言的产生，但运用动物辅助疗法时，可以搭配一些传声器，

设计干预方法，依托动物自身的优势来诱导孩子多发音、多表达。密集且系统化的干预是必要的，在活动的设计以及动物的选取方面都要进行甄别。每个孩子的特质与发展程度都是有差异的，根据孩子的不同，设计有针对性的方案，将会带来可观的干预效果。语言词汇是沟通必不可少的材料与基础，词汇只有不断增长才能丰富自闭症群体的沟通表达。

三、动物辅助疗法在提升自闭症儿童社会沟通能力中面临的挑战及建议

动物辅助疗法是一种新兴的辅助技术，也是近年来才被引入到自闭症群体的康复干预中，虽时间尚短，但取得的成果很丰富，在实证领域已经取得了颇多的研究成果。但任何治疗方法都会有自己的不足或者待完善之处。通过文献梳理与调查，发现动物辅助疗法在实际操作与应用时存在以下几点待完善之处。首先，治疗成本高昂。动物辅助疗法是一个系统且烦琐的方法，从动物的挑选与训练、喂养与打理，到后期的专业人员的培训，一个"动物医生"的产生成本较高，所以，在实际实施时会带来较高的培训费用，并且动物的寿命不长，这都在成本的考虑之内。如今，我国只有极少数自闭症儿童家庭能承担这样高昂的培训费用，所以普及率不高，仅在东部沿海与经济发达地区有培训点的开设。其次，专业人员严重缺乏。动物辅助疗法作为一种新的疗法，对专业人员的要求较高，不仅要具备特殊儿童康复知识，而且要能与动物有很好的默契。动物辅助疗法是一个系统且复杂的方法，想要真正去实施，需要一定时间的训练与实践经验。我们知道，动物也是有情绪的，环境的不同，孩子的不同都会给"动物医生"带来干扰，这些突发状况的处理增加了训练师的干预难度。所以，动物辅助治疗的训练师要一专多能，不仅是自闭症儿童的教师，而且是"动物医生"的训练员。种种困难导致这一行业人才的缺乏。最后，父母接受度不高。虽然大量实证研究与真实案例证明，动物辅助疗法着实能改善自闭症儿童的社会沟通行为，但是由于刻板印象，相当一部分家长不能接受动物能当好"训练师"。出于对孩子安全性的保护，部分家长拒绝此疗法，他们认为狗、马、海豚等这些动物会对孩子造成伤害。所以，大多自闭症儿童父母对该疗法还处于观望状态。为了有效避免或者缓解上述问题，让动物辅助疗法为自闭症儿童的社会沟通发挥更大的作用，要在以下几个方面做出努力：

（一）凝聚各方支持力量，减轻康复负担

只有较少的自闭症儿童家庭能够承担动物辅助疗法的培训费用，所以有关政府部门要给予政策的适当倾斜，给予经济、政策以及教育资源的支持，鼓励地方落实动物辅助治疗系统的建设，并将该治疗方法推向地方，使之走进家庭教育。社会的力量不容小觑，发动社会爱心企业或单位，小溪汇成大河，各方合作才能办成事、办大事。社区服务是当前特

殊教育的一个重要领域，如今的社区服务做得越来越好，社区能为自闭症儿童家庭提供的不仅是信息的传达还有资金的援助，更重要的是人文的关怀以及教育资源的给予。当然，发展完备社区还设立有残疾人教育资源中心，将先进的康复方法引进来，为特殊儿童服务，极大地减轻了特殊儿童家长的经济负担。也是社区正在做的事。

（二）开展职业教育与培训，增加高水平人才数量

新兴干预技术的出现，必定要有足够的人来实施与执行，就我国实际情况来看，动物辅助疗法还没有形成大规模、高水平的专业人才培训体系。目前动物辅助治疗师水平参差不齐，有很多跨专业甚至是非专业人员参与到该治疗法的队伍中来，不能够真正地将这项专业性很强、系统严谨的治疗法发挥出最大的治疗优势。国家要制定教育政策，鼓励高校开设此专业，鼓励机构开展此项技术的培训班，扩大治疗师队伍，提高治疗师的从业水平。同时要建立严格的培养资格考核制度，培训要有考核，不是走流程，要真正将动物辅助疗法运用到自闭症儿童的康复之中。

（三）转变家长观念，扩大普及面

目前动物辅助疗法的实际运用情况，不是很理想。出于对孩子的保护与负责，家长在面对一个新兴疗法时会抱有怀疑和观望的态度。因此要加大宣传力度，开展知识普及讲座，让更多的家长了解动物辅助疗法的相关知识、实施步骤以及疗法背后的理论支持，只有了解了才会接受。知识的普及不是某一机构、某一组织能做到的，需要各方的通力配合。国家、社区以及学校都要参与进来，设立康复训练试点，让家长带儿童实际体验康复效果。所有的知识只有通过实践才能得到验证。家长经过自身的观察和体验，看到孩子在运用动物辅助治疗时的效果，才会放下心中的戒备与怀疑。同时要扩大普及面，向中西部地区普及动物辅助疗法，给偏远地区的孩子带去康复的机会。

动物辅助疗法对自闭症儿童的社会沟通行为有独特的干预优势，它作为一种独特的治疗方法，以其优于其他教育干预方法的优势，可以为自闭症儿童在眼神注视的改善、沟通情绪的协调以及语言词汇的丰富等方面提供帮助，使自闭症儿童能尽早地融入社会生活。当然，动物辅助疗法也存在着很多亟待解决的问题与需要完善之处，希望特殊教育研究者在今后的实践研究中，解决动物辅助疗法在自闭症儿童康复干预实施中存在的问题，继续挖掘动物辅助疗法在康复治疗领域的价值，希望动物辅助疗法在今后能有更高的普及度以及接受度。

参考文献

[1] 李曙光 . 乔姆斯基与福柯理论视域下自闭症儿童语言障碍 [J]. 南京师大学报（社会科学版），2016(5)：112-119.

[2] 李晓燕，周兢 . 自闭症儿童语言发展研究综述 [J]. 中国特殊教育，2006(12)：60-66.

[3] 李静郧，雷江华 . 自闭症儿童语言障碍研究新进展（1996—2015)[J]. 现代特殊教育，2016(20)：27-33.

[4] 荆伟，方俊明 . 自闭症谱系障碍儿童词语习得研究述评 [J]. 中国特殊教育，2011，19(10)：53-58.

[5] 杨旭，王仁强 . 语言乃是一个复杂适应系统：立场论文 [J]. 英语研究，2015(2)：86-105.

[6] 冯兰云，郑艳君 . 自闭症儿童语言特点与康复治疗现状 [J]. 河北医药，2010，(02).

[7] 赵春燕，张福娟 . 自闭症儿童语言初期训练的案例报告 [J]. 中国组织工程研究与临床康复，2007，(11).

[8] 覃艳文，韦永英 . "启智博士" 与自闭症儿童语言训练初探 [J]. 希望月报，2007，(08).

[9] 姚嘉，毛颖梅 . 游戏治疗对轻度自闭症幼儿沟通能力影响的个案研究 [J]. 中国健康心理学杂志，2011(1)：123-126.

[10] 金莉 . 集体教学环境中自闭症儿童语言训练研究——以扬州市培智学校 2012 级两名自闭症儿童为例 [J]. 绥化学院学报，2017(1)：97-100.

[11] 张荣花，周萍 . 综合疗法对孤独症儿童语言能力的疗效分析 [J]. 广东医学，2009(5)：683-684.

[12] 闫洁，黄总志 . 自闭症幼儿语言表达能力的有效训练 [J]. 现代特殊教育，2015(19)：42-44.

[13] 周翔，陈强，陈红，等 .300 例孤独症儿童语言能力评估结果分析 [J]. 中国康复理论与实践，2013，19(4)：384-386.

[14] 宋珊珊，万国斌，金宇，等 . 孤独症谱系障碍儿童普通话词汇特点及发展 [J]. 中山大学学报：医学版，2015，36(4)：489-495.

[15] 曹漱芹，方俊明. 自闭症儿童汉语词汇语义加工和图片语义加工的实验研究 [J]. 中国特殊教育，2010，124（10）：57-61.

[16] 荆伟，方俊明，赵微. 自闭症谱系障碍儿童在多重线索下习得词语的眼动研究 [J]. 心理学报，2014，46（3）：385-395.

[17] 朱玉冰. 自闭症儿童语言发展问题研究综述 [D]. 长春：吉林大学，2017.

[18] 夏滢. 自闭症幼儿在亲子互动中的词类发展研究 [D]. 上海：华东师范大学，2008.

[19]PHAN THI TRA MY.（潘氏茶楣）走出孤独：自闭症儿童的语言障碍特征分类、评估及康复研究 [D]. 长春：吉林大学，2016.

[20] 刘军. 体育游戏对孤独症儿童社会交往能力的干预研究 [D]. 济南：山东师范大学，2014.

[21] 闫菲菲. 学龄前自闭症儿童与普通儿童隐喻能力比较研究 [D]. 南京：南京师范大学，2012.

[22] 吴海生，蔡来舟. 实用语言治疗学 [M]. 北京：人民军医出版社，1995.